PÈLERINAGE

DE LA SALETTE

EN 1848

PAR L'ABBÉ LAMBUNIER

NOUVELLE ÉDITION

PARIS

RUE DE TOURNON, 16

LA SOCIÉTÉ DE SAINT-VICTOR

Publication de la Société de Saint-Victor.

PELERINAGE

A LA SALETTE

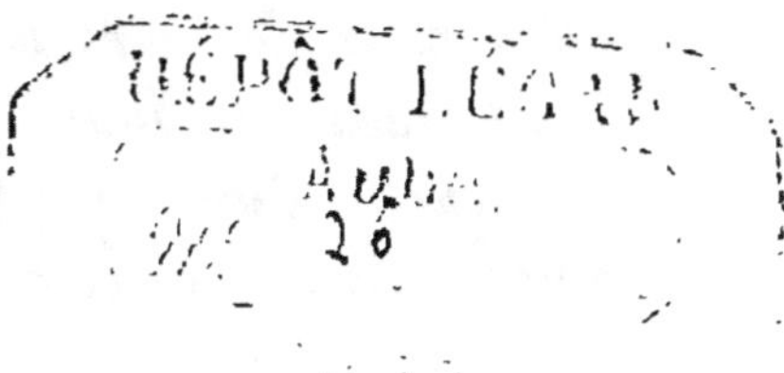

Lettre de Mgr l'Évêque de La Rochelle.

Au mois de mars de l'année 1849, nous avions eu l'honneur de faire hommage à Mgr l'Évêque de La Rochelle d'un exemplaire de cet ouvrage ; le saint prélat a daigné nous adresser la réponse suivante :

« La Rochelle, le 1ᵉʳ avril 1849.

» Monsieur l'Abbé,

» Je reçois avec votre lettre l'intéressant opuscule de votre voyage à la Salette. Je conjure le Seigneur de le bénir.

» Les avertissements du Ciel ne manquent pas à notre époque ; mais tous ne présentent pas des caractères aussi frappants d'authenticité que l'apparition de l'incomparable Vierge aux bergers des Alpes. Heureux ceux qui sauront en profiter pour leur sanctification !

» Votre livre, j'en ai la confiance, y contribuera puissamment. Il aura déjà produit un grand bien en établissant entre nous une communion de prières dont je tirerai le plus grand avantage.

» Agréez, monsieur l'Abbé, l'assurance de mon respect et de mon dévouement.

» † **CLÉMENT,**
» *Évêque de La Rochelle.* »

L'apparition.

PÈLERINAGE
A LA SALETTE

EN SEPTEMBRE 1848

PAR M. L'ABBÉ LEMEUNIER

AUMÔNIER DE L'HOSPICE CIVIL DE SÉEZ

Opera Dei revelare et confiteri honorificum est.

Il y a de l'honneur à découvrir et à publier les œuvres de Dieu.   (TOBIE, XII, 17.)

NEUVIÈME ÉDITION

PLANCY		PARIS
SOCIÉTÉ DE SAINT-VICTOR	§	DÉPÔT DE LA SOCIÉTÉ
pour la propagation des	§	EUGÈNE Jourdan, libraire,
bons livres.	§	r. de Tournon, 16.

1855

Plancy, Typ. de la Société de Saint-Victor.—J.COLLIN, imp.

L'église.

OFFRANDE A MARIE

DE CETTE NEUVIÈME ÉDITION

O divine Marie, c'est avec raison que l'on vous invoque sous le nom de *Mère admirable !*

Vous êtes *admirable* d'amour pour la terre, puisque pour la sauver, non seulement vous avez consenti à l'immolation de votre cher Fils sur la croix, mais encore, dans ces derniers temps, vous avez quitté un moment votre trône du ciel, pour venir nous donner les plus salutaires enseignements !

Vous êtes *admirable* de condescendance pour ce siècle blasé sur tout, puisque, pour frapper son indifférence et le tirer de sa torpeur, vous lui offrez, dans le fait de la Salette, le spectacle le plus ravissant qui fut jamais !

Vous êtes *admirable* de tendresse pour la France, puisque c'est dans son sein que vous avez placé le théâtre des prodiges de votre puissance et de vos bontés !

Soyez à jamais bénie pour tant de bienfaits, ô douce amie des hommes ! et que cette

montagne sur laquelle vous vous êtes montrée à nous retentisse à jamais, en votre honneur, de chants d'amour et de reconnaissance!

Je l'ai vu, ô ma Mère, ce lieu naguère si
désert et si sauvage, connu à peine de quelques pauvres bergers et de quelques hardis
chasseurs de chamois ; je l'ai vu couvert de
pèlerins fervents et de pauvres malades, qui
faisaient monter vers vous l'encens de leurs
prières, et réclamaient avec confiance votre
toute-puissante intercession auprès de Dieu !

Ah ! puisse bientôt s'élever sur cette cime
des Alpes un temple digne de vous et de vos
enfants *privilégiés !*

Puissé-je, pour ma part, au moyen du prix
de ce petit livre fournir quelques pierres à
votre sanctuaire naissant !

J'espère qu'en retour de ce léger sacrifice
vous jetterez sur moi, ô Marie, un regard de
compassion, et que vous intercéderez pour
moi pendant ma vie, et surtout à l'heure de
ma mort !

AVANT-PROPOS

Vers la fin de l'année 1846, on lisait dans plusieurs feuilles religieuses qu'un événement extraordinaire avait eu lieu sur une montagne des Alpes, située dans une paroisse nommée la *Salette*, canton de *Corps*, diocèse de Grenoble (*Iscre*). La Sainte Vierge avait daigné apparaître à deux petits bergers, de 12 et 13 ans, qui gardaient leurs troupeaux en cet endroit, éloigné de deux heures de marche de toute habitation. La bienheureuse Mère de Dieu était assise sur une pierre, près d'une fontaine. Elle était vêtue d'une robe blanche couverte de perles. Sa tête était ornée d'un riche diadême, une chaîne d'or pendait à son cou et soutenait une croix avec son Christ. Les enfants, effrayés de l'apparition subite d'une personne qui leur paraissait si étrange, se disposaient à fuir, lorsque la Sainte Vierge leur fit signe avec bonté de s'approcher d'elle, et leur dit avec l'expression de la plus grande tristesse : Que la France, par ses crimes, avait provoqué la colère de son Fils ; qu'il allait verser sur elle, si elle ne se convertissait, la coupe de ses vengeances ; que le blasphème, en particulier, et la profanation des jours consacrés à Dieu, excitaient sa juste indignation ; qu'elle les chargeait de faire connaître au peuple ce qu'elle leur disait, comme aussi de déclarer qu'il n'y aurait ni blé, ni pommes de terre, l'année suivante, qu'il viendrait une grande famine et que les enfants mourraient par suite d'un tremblement ; mais que si le peuple revenait à Dieu, il y aurait du blé en abondance là où l'on avait désespéré d'en récolter, et des pommes de terre dans les lieux où la semence paraissait devoir subir le même sort qu'avait éprouvé celle des années précédentes.

La Sainte Vierge avait aussi confié à chacun des enfants un secret particulier, que ni les promesses, ni la ruse, n'ont pu leur arracher. Puis, après avoir fait quelques pas en leur présence, en marchant sur la pointe des herbes, qui ne pliaient pas sous le poids de son corps, elle disparut à leurs yeux, laissant après elle une clarté éblouissante dans l'espace d'où elle s'était élevée au ciel. Tel était le résumé de ce qu'on voyait dans les journaux de cette époque.

Quand les enfants annoncèrent aux habitants des Alpes ce qui leur était arrivé, plusieurs d'entre eux les accusèrent d'imposture ; mais lorsque des hommes sages et instruits eurent tout examiné, tout pesé, surtout lorsqu'ils eurent interrogé les enfants à maintes reprises et qu'ils eurent reconnu l'impossibilité de la fourberie et du mensonge ; alors tout le pays fut saisi d'une telle épouvante, qu'il y eut bientôt un retour général vers Dieu. Le blasphème cessa d'être proféré ; le dimanche fut sanctifié par tout le monde ; les sacrements, abandonnés par les masses, furent reçus avec zèle et ferveur par le plus grand nombre ; en un mot, il y eut un tel changement dans tout le pays, que les hommes ne se reconnaissaient plus eux-mêmes, et bénissaient Dieu de les avoir effrayés pour les sauver. De tels fruits de pénitence étaient bien capables d'apaiser la colère divine. D'ailleurs le jubilé publié à l'occasion de l'exaltation de Pie IX au Souverain-Pontificat produisit d'immenses résultats par toute la France, comme le remarquèrent avec bonheur tous les pasteurs des âmes ; il n'est donc pas étonnant que Dieu, qui ne veut pas la mort du pécheur, mais sa conversion, nous ait épargné l'horreur d'une famine dont il nous avait menacés, si nous ne revenions à lui, et qu'il ait au contraire récompensé, par d'abondantes moissons, de nombreux actes de vertu et un grand nombre de retours sincères à sa divine loi.

N'a-t-il pas pardonné aux Ninivites, qui s'étaient convertis à la voix de Jonas? N'a-t-il pas dit à Abraham qu'il épargnerait la ville de Sodôme, malgré l'énormité et le nombre de ses crimes, s'il se trouvait seulement dix justes dans son sein?

Nous aimons à rappeler ces faits importants à nos pieux lecteurs, qui, du reste, les connaissent comme nous. Tout le monde sait aussi le changement miraculeux qui s'opéra à l'égard des récoltes, vers la fin du printemps de 1847. Pendant les mois de mars et d'avril, les semences avaient si triste apparence, que tous les cultivateurs ne doutaient nullement que les moissons ne manquassent entièrement, et que nous n'eussions une disette cette année-là; mais, pendant le mois de mai, consacré à la Sainte Vierge, et que tout le monde fit avec plus de piété et de ferveur que de coutume, un miracle semblable à celui de la multiplication des pains du désert eut lieu parmi nous ; et, au mois d'août suivant, on récoltait avec joie une abondante moisson, là où, peu de temps auparavant, il n'y avait presque pas de semence.

En faisant ces observations, je ne prétends imposer à personne ma conviction personnelle à l'endroit du miracle arrivé sur la montagne de la Salette ; j'ai voulu seulement citer ces faits, qui, selon moi, sont de nature à détruire l'objection que l'on pourrait faire par rapport aux menaces faites par la Sainte Vierge aux bergers, et qui n'auraient pas eu leur exécution.

PÈLERINAGE

A LA SALETTE

AU MOIS DE SEPTEMBRE 1848

L'événement arrivé le 19 septembre 1846 sur la montagne de la *Salette,* et dont la presse occupa bientôt le public, fut diversement apprécié par les hommes qui en eurent connaissance. Les uns le nièrent avec un fier dédain , et crurent y voir une supercherie, dont le but, selon eux, était de rehausser quelque peu l'influence du clergé, qui, disaient-ils, s'en allait diminuant chaque jour.

D'autres y crurent, après avoir mûrement examiné les témoignages qu'on apportait pour prouver que les enfants n'avaient été ni trompés, ni trompeurs. Pour moi, avant de me prononcer pour ou contre, je voulus m'entourer de renseignements propres à éclairer ma conscience et à former en moi une conviction profonde. Je crus ne pouvoir mieux faire que d'écrire d'abord à M. le Secrétaire de l'évêché de Grenoble, pour le prier de m'instruire du véritable état des choses, et me dire quelle était l'opinion de son vénérable Évêque, relativement au fait qui avait un si grand retentissement dans le monde.

M. le Secrétaire eut la bonté de m'adresser la réponse suivante :

Grenoble, le 30 *janvier* 1847.

Monsieur l'Aumônier,

L'événement dont vous demandez des nouvelles a fait beaucoup de bruit dans le canton de *Corps*, où il a eu lieu surtout, dans le diocèse et ailleurs. En effet, il mérite attention.

Deux jeunes enfants, un garçon de onze

ans et demi et une fille de quatorze ans, présentant tous les caractères de la sincérité, des enfants qui, tout bien examiné, ne peuvent être regardés ni comme trompeurs ni comme trompés, et qui racontent naïvement l'apparition d'une grande et belle Dame dont ils ont été favorisés, sur la montagne, pendant qu'ils gardaient leurs troupeaux, qui rapportent exactement de la même manière les paroles de la Dame et les leurs, qui font tous deux séparément le même récit, la même description de la Dame, qui disent, avec la même simplicité que tout le reste, les circonstances les plus frappantes, par exemple, qu'il faisait soleil et qu'ils n'avaient point d'ombre près de la Dame, que la Dame a marché sans toucher l'herbe, qu'elle s'est élevée en l'air et a fondu comme du beurre, etc: ces enfants, dis-je, méritent qu'on leur prête quelque attention. Ils ont reçu ordre, disent-ils, d'annoncer au peuple qu'il n'y aura point de pommes de terre, point de blé, que les petits enfants mourront, si on continue à travailler le dimanche, à blasphémer le nom de Dieu, à ne pas prier, à manquer à la messe, et à manger de la viande les jours défendus. Mais, si le peuple *s'arrange*, il y aura des pommes de terre où on n'en aura point semé, et on moissonnera sur les pierres, expressions bibliques : *Terram lacte et melle manantem*. La Dame a donné à chacun de ces deux enfants un secret que toutes les menaces, les prières, les ruses, les promesses n'ont pu leur arracher. L'événement qui a eu lieu le 19 septembre 1846, samedi, à 3 heures après-midi, premières vêpres de la Compassion ou des Sept-Douleurs de la Sainte Vierge, selon le rit romain, n'a encore pu être expliqué jusqu'ici par aucune supercherie, ruse, ni fraude. Un grand changement religieux s'est opéré dans le canton de Corps, aux environs, et dans le diocèse de Gap. Il se fit des processions de six cents, de mille, de quinze cents personnes, au lieu de l'ap-

parition, qui est sur la paroisse de la Salette,
à environ deux heures de toute habitation.
Mais que pense et qu'a décidé l'autorité ecclésiastique? C'est là l'essentiel. Rien. Elle exa-
mine lentement, et un conseil a décidé qu'il
y avait lieu à examiner la question et à suspendre son jugement. Plusieurs personnes
instruites, laïques et ecclésiastiques, qui sont
allées sur les lieux, ont été frappées et con-
vaincues du miracle. Plusieurs aussi, bien
dignes de confiance, mais qui n'ont pas vu
et interrogé les enfants, s'en moquent et trai-
tent cela de fable. Qui vivra, verra.

On a beaucoup parlé aussi de quelques autres faits : la figure de Notre-Seigneur qui a
apparu sur une pierre prise au lieu de l'apparition et entre les mains d'un lieutenant,
dans un café à Corps ; la guérison d'une
femme paralytique depuis vingt ans, après
une neuvaine, et après avoir bu de l'eau d'une
fontaine qui coule au lieu de l'apparition, et
depuis ce jour-là seulement et sans pluie im-

médiate; — cependant on se souvient qu'il
y a eu une fontaine en cet endroit;—une autre
guérison. Mais ces faits ne sont pas parfaitement constatés, et ne présentent pas le caractère du miracle comme l'événement même
de l'apparition de la Sainte Vierge. En toutes
choses, il faut attendre la fin. Prenons garde
de ne pas nuire à la Religion en racontant
mal à propos, à tort et à travers, des miracles
qui ne sont pas encore bien *reconnus*.

Prions pour la conversion des pécheurs.

*Agréez l'assurance de ma considération
respectueuse,*

MOREL, *Prêt. Secr.*

Cette lettre me fit grand plaisir. Sans avoir
encore une certitude entière en faveur du
miracle, j'avais au moins une grave présomp-
tion. Je voyais clairement que Mgr de Grenoble y croyait, ainsi que tous ceux qui l'entouraient, et qu'il ne différait à porter un

jugement définitif que pour l'asseoir sur un si grand nombre de preuves, qu'il serait impossible à la critique la plus malveillante de l'attaquer avec quelque apparence de raison.

Peu de temps après, Mgr l'Évêque de La Rochelle publia une relation du voyage qu'il venait de faire à la Salette. L'ouvrage du savant et pieux prélat est rempli de témoignages si positifs, si frappants, qu'il porte dans l'âme une conviction dont on ne peut se défendre. Un chanoine de Lyon, qui avait accompagné Sa Grandeur, mais qui ne croyait pas à l'apparition, fut tellement frappé de ce qu'il apprit de la bouche des bergers, de leur air de simplicité et de candeur, qu'il s'en revint chez lui bien convaincu que les enfants n'avaient dit que la vérité, et que la sainte Mère de Jésus leur était réellement apparue.

J'ai lu ce récit avec tout l'intérêt qu'il inspire à ceux qui ont pu se le procurer.

Dans le courant d'avril dernier, une malade de ma connaissance, ayant entendu parler

des nombreux miracles opérés en faveur des
personnes pour lesquelles on avait prié sur le
lieu de l'apparition, et qui avaient bu avec foi
de l'eau de la fontaine, me pria d'écrire à
M. le Curé de la Salette, pour la recommander
à ses prières et le conjurer de nous envoyer
de l'eau miraculeuse. Je me rendis à ses désirs, et, peu de jours après, je reçus du digne
pasteur, avec une caisse contenant deux bou-
teilles de chacune un litre, pleines d'eau de la
fontaine, la lettre ci-jointe :

La Salette, 28 avril 1848.

Monsieur et respectable Confrère,

Sur votre recommandation, nous avons
adressé à madame *N.*, à Séez, une petite caisse
bien conditionnée, renfermant l'eau de la fontaine miraculeuse qu'elle désirait prendre.
Elle peut en user avec confiance, car elle a été
puisée, par une personne très sûre, à la véritable source, qui jaillit où la Reine des cieux

a reposé ses pieds, lors de son apparition aux deux jeunes bergers. Vous reconnaîtrez que c'est notre envoi, au cachet imprimé sur le goudron, à l'effigie de Notre-Dame de la Salette. Vous recevrez probablement le petit envoi avant la présente, car une raison majeure nous a obligés à la différer de quatre jours.

Pour le moment actuel nous ne connaissons pas de nouvelle guérison bien frappante; mais nous pouvons, pour votre édification, vous dire que notre registre en renferme plus de vingt, toutes arrivées depuis la publication de l'ouvrage de Mgr de La Rochelle; toutes subites, surnaturelles, inexplicables sans l'intervention de la puissance divine. Vraiment la Sainte Vierge ne met plus de bornes à ses bienfaits. Il semble qu'elle veut sauver la Religion et la France, malgré la malveillance et les attaques des méchants. Toutes ces guérisons s'opèrent par son eau sainte.

Puisse votre excellente malade obtenir

aussi la grâce qu'elle sollicite! veuillez bien l'engager à réciter chaque jour les prières de notre neuvaine perpétuelle que nous faisons ici, avec nos pieux paroissiens, après la messe. Ces prières sont les litanies de la Sainte Vierge, un *Pater*, un *Ave*, un *Souvenez-vous*. Par cette union de prières, nous ne formerons qu'une famille prosternée aux pieds miséricordieux de Marie, et nous ferons plus facilement violence au Ciel pour obtenir une faveur signalée.

Les deux enfants privilégiés, Maximin Giraud et Mélanie Mathieu, se préparent à faire prochainement leur première communion. Ils doivent avoir ce bonheur le second dimanche après Pâques. Tout nous engage à prier pour eux, afin qu'ils se rendent dignes de plus en plus des grâces privilégiées du Ciel. L'excédant du mandat de Madame *N.* sera employé, comme elle le désire, à la construction de la chapelle de la Sainte Vierge, sur la montagne. Nous y célébrons déjà tous les offices divins dans le petit sanctuaire provisoire.

Nous avons l'honneur d'être, avec respect, M. l'Aumônier, vos très humbles et très obéissants serviteurs,

      Les abbés PERRIN, *curé* ; PERRIN, *pr.*

Enfin, vers la fin de juillet dernier, parut un ouvrage de M. l'abbé Rousselot, chanoine et vicaire-général de Grenoble, et ayant pour titre : *La vérité sur l'événement de la Salette, du 19 septembre 1846, ou rapport fait à Mgr l'Évêque de Grenoble, de l'apparition de la Sainte Vierge à deux petits bergers sur la montagne de la Salette ; avec approbation de Sa Grandeur.* Cet ouvrage, dit le pieux Prélat, dans son approbation, fixera, je n'en doute pas, l'attention des fidèles qui voudraient se le procurer, pour avoir des idées justes sur un événement qui depuis vingt mois retentit dans le monde catholique, et qui a déjà mis en mouvement plus de cent mille pèlerins.

L'apparition de ce livre répondait au plus ardent de mes vœux : le doute n'était donc plus possible, l'autorité diocésaine avait enfin rompu le silence prudent qu'elle avait gardé jusque-là ; elle avait donné son entière approbation au travail de la commission d'enquête, composée de 16 membres, qui, à la majorité de 14, avaient déclaré que l'apparition de la Sainte Vierge aux bergers des Alpes était un fait qu'on ne peut raisonnablement révoquer en doute.

Depuis ce jour-là, j'éprouvai un désir extrême de visiter aussi ce lieu sanctifié par la présence de la Reine des Anges et des hommes ; de coller mes lèvres sur cette pierre où elle avait paru profondément affligée des malheurs réservés à la France, à cause des péchés de ses habitants, et de prier à l'endroit d'où, après avoir parlé aux bergers pour la dernière fois, elle s'enleva au ciel et disparut à leurs yeux.

Pendant l'octave de l'Assomption, ce désir

augmenta tellement en moi, que je ne doutai plus qu'en entreprenant ce pieux pèlerinage je ne fisse une œuvre agréable à Dieu et à celle en qui, après lui, j'ai mis toute ma confiance.

De ce moment mon voyage fut arrêté, et le 4 septembre au matin, après avoir célébré le Saint-Sacrifice et offert à mon Sauveur le voyage que j'allais faire par amour pour sa sainte Mère, je me mis en route, sous la protection de mon bon Ange et de mon saint Patron. Je priai aussi l'archange Raphaël de m'accompagner dans ma route, et de me ramener chez moi en paix et en santé, lorsque j'aurais rempli un devoir dont l'accomplissement était si doux à mon cœur.

J'arrivai à Paris le 5 au matin, et, à peine descendu de voiture, je me rendis à l'église Notre-Dame-des-Victoires, pour mettre mon pèlerinage sous la protection du Sacré-Cœur de Marie ; j'espérais que, par les mérites de ce cœur sacré, j'obtiendrais la grâce de faire ce voyage avec quelques mérites pour mon éternité.

Je fus très édifié de la piété que je remarquai dans toutes les personnes qui se trouvaient à prier dans ce sanctuaire ; les hommes surtout, qui étaient en grand nombre, et dont la plupart étaient jeunes, étaient tellement recueillis, qu'ils firent sur moi une très grande impression.

Je remarquai la même ferveur et le même empressement dans les églises Saint-Sulpice et Saint-Etienne-du-Mont. Ici c'était encore l'image vénérée de Marie qui était entourée d'enfants respectueux et pleins d'amour. Là c'était le tombeau de la vierge de Nanterre, patronne de Paris, que venaient visiter et le voyageur et l'habitant de la grande ville ; ils y recommandaient sans doute à Geneviève l'avenir de la patrie et celui de la cité où son corps repose depuis tant de siècles.

Le soir du même jour, à 7 heures, je quittai Paris et pris la route de Châlons-sur-

Saône ; j'arrivai dans cette ville, remarquable par son commerce, et le point de réunion du Nord et du Midi, le 7 au matin. Nous avions traversé, pendant l'espace de 80 lieues, le beau pays de Fontainebleau, de Melun, et la riche Bourgogne, couverte de vignes chargées de raisins. Je remarquai, en passant, la ville de Sens, avec sa magnifique métropole, Joigny, Auxerre, Avallon, et plusieurs autres villes moins importantes, mais qui, comme celles que je viens de nommer, annoncent une grande richesse.

Lorsque j'eus retiré mes bagages de la voiture, je passai de suite sur le bateau à vapeur qui devait me porter à Lyon. A peine étions-nous à bord, qu'un vieillard de 70 ans vin^t droit à moi et me dit avec joie : Monsieur, vous allez à Notre-Dame de la Salette ?—Surpris d'une pareille question, lorsque nous étions encore à plus de 80 lieues du but de notre voyage, je répondis à ce fervent chrétien : Il faut, mon brave homme, que vous y alliez vous-même, puisque dans un compagnon de voyage vous voyez un pèlerin de la Salette. — J'y vais, en effet, me dit-il, en riant de l'observation ; mais je n'arriverai pas aussitôt que vous : je suis forcé de faire une partie de la route à pied, et mes jambes sont bien malades. — En parlant ainsi, il me montra ses jambes, qui étaient très enflées et paraissaient couvertes de plaies. Je l'encourageai à la persévérance, et l'assurai que, lorsque je serais aux pieds de Marie sur la montagne, je prierais pour lui, et j'espérais qu'à son tour il se souviendrait de moi et me recommanderait à notre Mère commune. Sur ce, nous nous quittâmes. Comment le brave homme a-t-il fait sa route ? Je n'en sais rien ; toujours est-il que je ne fus pas peu surpris, deux jours après, lorsque me tournant vers les pèlerins dans la petite chapelle de la montagne, pour leur adresser la parole, la première personne que mes yeux rencontrèrent fut le bon vieillard d'Avallon que je croyais encore fort loin de la Salette.

Sur le même bateau, se trouvaient aussi un prêtre de Meaux et un jeune auteur fort instruit et fort pieux, qui allaient à Rome. Je les ai conjurés de penser à moi près du tombeau de saint Pierre, et je leur dis que je me plaçais d'avance à leurs côtés pour le moment où ils recevraient la bénédiction du saint et immortel Pie IX.

Nous fûmes huit heures à faire les trente-trois lieues de Châlons à Lyon. Pendant ce trajet, je contemplais avec plaisir les sites pittoresques du Mâconnais et du Beaujolais. Je saluai en passant les villes de Mâcon et de Trévoux. Nous arrivâmes à Lyon, le jeudi 7, à trois heures de relevée, au bruit du carillon que faisaient entendre les deux cloches de notre bateau ; il ne se doutait pas qu'il déposait sur la rive une ambassade secrète du roi Charles-Albert, qui lui reportait les réponses du gouvernement anglais et du général Cavaignac.

J'ai eu l'honneur d'entretenir ces Messieurs et de dîner avec eux ; ils étaient pleins de patriotisme et d'espoir pour leur chère Italie. Daigne la divine Providence jeter des regards de bonté sur les princes et les peuples de la Péninsule et faire tourner à sa gloire les grands événements dont cette partie du globe est maintenant le théâtre !

A peine fûmes-nous arrivés à Lyon que je me hâtai de monter à la chapelle de Notre Dame de Fourvières.

Fourvières est, pour le Midi, ce qu'est pour la Normandie Notre-Dame-de-la-Délivrande. C'est un pèlerinage où toutes les classes de la société semblent s'être donné rendez-vous, tous les jours de l'année, mais surtout les dimanches et les fêtes. Je fus heureux de voir la ferveur des nombreux pèlerins qui remplissaient le sanctuaire de Marie, orné de mille cadeaux précieux et de nombreux *ex-voto*.

Je regrettai beaucoup de ne pouvoir rester

le lendemain à Lyon ; car ce jour-là, 8 septembre, on célébrait la principale fête de Notre-Dame de Fourvières, et le son joyeux des cloches de la cité l'annonçait déjà à ses religieux habitants. Le lendemain ils devaient se réunir au pied des autels de Fourvières, pour y célébrer la fête de leur bonne patronne et prier pour la France.

Je quittai la ville des martyrs, le 8 au matin, et pris la route de Grenoble. A quelques lieues de Lyon, je commençai à apercevoir les montagnes du Dauphiné : je ne les perdis plus de vue pendant le long trajet qui me séparait encore de la montagne vers laquelle je marchais à grands pas. Depuis Lyon jusqu'à Corps, les yeux du voyageur s'arrêtent avec plaisir sur les plantations de mûriers qui bordent la route.

A peine étais-je arrivé à Grenoble, que je me rendis auprès de M. l'abbé Rousselot, vicaire-général. Ce pieux et savant ecclésiastique, qui professe, au grand-séminaire, la morale depuis 32 ans, m'accueillit avec une bonté que je n'oublierai jamais ; il me donna, par rapport au fait de la Salette, tous les renseignements que je lui demandais ; il me fit part de la marche qu'avait suivie Mgr de Grenoble. Il me félicita d'être venu représenter la belle et religieuse province de Normandie, sur le lieu où la Reine de l'univers a daigné apparaître. — Qui sait, me dit-il, si cette montagne ne va pas devenir comme le centre autour duquel vont rouler les événements les plus graves et peut-être l'avenir du monde entier ? — Il eut aussi la bonté de me donner, pour M. l'archiprêtre de Corps, une lettre de recommandation.

J'aurais désiré passer un jour à Grenoble, pour me reposer et visiter cette jolie ville, dont les habitants sont si polis et si religieux ; mais, comme je désirais arriver à la Salette pour le dimanche dans l'octave de la Nativité, je repartis de Grenoble le samedi matin, en suivant la route de Gap. C'est à dix-sept lieues de Grenoble que se trouve le bourg de Corps, où je devais descendre de voiture pour me rendre à la montagne de la Salette, unique but de mon voyage.

Il me semble que tout voyageur qui, pour la première fois, parcourt le trajet de Grenoble à Gap, devrait éprouver quelque sentiment de frayeur, lorsqu'il voit sur sa tête la cime des montagnes couvertes de neige, et qu'il considère à ses côtés un abîme profond, tandis que la voiture qui l'emporte rase sans cesse le bord de cet abîme, en roulant sur une route étroite, creusée dans le flanc de la montagne.

Si les chevaux s'écartaient un seul instant du tracé, dont le bord extérieur n'est garni que d'un faible rempart en terre et qui s'élève à peine de quelques centimètres, s'ils ne tournaient pas juste aux coudes que la route fait à chaque moment en suivant les sinuosités de la montagne, ils se précipiteraient avec la voiture et les voyageurs dans des gouffres qui font frissonner d'horreur. Mais que ne fait pas l'habitude ? Suspendus sur ces abîmes, les voyageurs chantaient. D'ailleurs les conducteurs sont si habiles et les chevaux si sûrs, qu'il n'arrive jamais aucun accident.

Enfin j'aperçus la flèche aiguë du clocher de l'église de Corps qui s'élevait dans les airs. A peine arrivé dans ce bourg, je me rendis chez M. l'archiprêtre, pour lui faire ma visite, le prier de me permettre de célébrer le lendemain matin, dans son église, les saints mystères : je lui demandai aussi à voir ces enfants si privilégiés que tout pèlerin qui fait le voyage de là Salette est curieux d'entretenir.

M. le curé de Corps m'accueillit avec bienveillance ; il me promit de me conduire lui-même, le lendemain, chez les Dames de la Providence, où sont les deux petits bergers, lorsque je serais de retour de la sainte montagne. Après avoir remercié M. le curé de ses bontés, je me retirai à mon hôtel ; et, lorsque j'eus apaisé la faim qui me pressait, je montai à la chambre qu'on m'avait préparée. J'aurais pris avec bonheur un peu de repos, dont j'avais grand besoin ; mais les cousins, qui fourmillent là comme dans tout le Midi, eurent soin de me tenir éveillé toute la nuit.

Du reste, je me dédommageai de mon insomnie, en pensant au bonheur que j'aurais bientôt à gravir cette montagne devenue à jamais célèbre, et sur laquelle je devais éprouver de si douces émotions.

A trois heures j'étais debout ; après avoir célébré, dans l'église de Corps, les adorables mystères, je commençai par un temps magnifique à gravir la montagne, précédé et suivi d'autres pèlerins. Plusieurs jeunes gens de Corps, ayant eu connaissance que j'étais venu de plus de 200 lieues pour faire le pèlerinage de la Salette, s'étaient joints à moi pour venir rendre aussi leurs hommages à Marie. Rien n'est touchant comme le récit

détaillé que ces excellents jeunes gens m'ont
fait de l'apparition et de ses suites. Ils m'a-
vouaient avec simplicité que, avant cet événement, eux et leurs parents, comme tout le
pays, ne conservaient plus qu'un simulacre
de Christianisme

Grand Dieu ! quel changement s'est opéré
dans leurs âmes ! quelle foi vive ils montrent
dans leurs paroles ! avec quel empressement
ils saisissent toutes les occasions qui se présentent de publier et la miséricorde de Dieu
envers eux, et la bonté de sa sainte Mère !

Après une heure de marche, j'arrivai, déjà
baigné de sueur, au presbytère de la Salette,
qui, comme l'église, est assis sur le flanc d'un
des rochers qui couvrent ce pays. M. l'abbé
Perrin, curé de cette paroisse, jeune prêtre
aussi distingué par ses talents que par ses
vertus, me reçut avec une bonté inexpri-
mable ; il m'offrit sa monture afin que j'eusse
moins de peine à gravir la montagne. Je le
remerciai de son offre bienveillante, et lui dis

que je voulais faire à pied le reste du trajet.

Alors M. le curé, attachant sur sa tête avec des cordons de soie un chapeau de montagnard, sauta d'un bond sur son mulet et disparut ; il se rendait à la chapelle de la montagne, ce qu'il fait chaque jour, pour y entendre les confessions d'un grand nombre de pèlerins et célébrer les saints mystères.

Pour moi, je pris seulement son bâton pastoral, qui me rendit grand service pendant le reste de la montée.

Après avoir fait encore au moins deux heures de marche, j'aperçus enfin une grande croix plantée sur le versant de la montagne qui était en face de nous. Cette croix indique au voyageur que le lieu de l'apparition est proche ; dans ce moment, je sentis que mon cœur battait plus fort que de coutume, et que mes yeux, malgré moi, se remplissaient de larmes : ce que j'éprouvais alors, tout pèlerin l'éprouve. Il semble que les pleurs que Marie a versés sur cette montagne ont la vertu d'en faire répandre aussi à ceux qui visitent ce saint lieu.

Après avoir salué avec respect le signe vénéré de notre rédemption, bientôt je vis, avec une joie que je ne saurais décrire, le toit de la petite chapelle en planches qui est bâtie auprès de la croix dite de l'Assomption. Espérons que ce modeste sanctuaire sera bientôt remplacé par un édifice digne de la piété et de la foi des Français.

En approchant de ce lieu sacré, j'éprouvai un saisissement de respect que je ne saurais décrire. Comme autrefois Moïse quitta sa chaussure pour approcher du buisson où le Seigneur lui apparaissait, je m'avançai pieds nus vers l'endroit où la Sainte Vierge avait apparu aux bergers.

Je me prosternai la face contre terre, et je baisai avec amour la pierre sur laquelle Marie s'était assise et avait versé des pleurs sur nos péchés.

Je tâchai de m'exciter à une profonde dou-

leur de mes offenses ; je demandai aussi à
Dieu pardon de celles de mes frères ; je con-
jurai sa bonté de convertir tous les pécheurs
et de les sauver. Je priai encore Marie de se
souvenir qu'elle est notre mère, et que la
France lui est à jamais consacrée. Je fis, à
genoux, comme tous les autres pèlerins, les
trente pas à peu près qui séparent la croix de
l'apparition, de celle dite de l'Assomption.

Là, je priai avec le plus de ferveur qu'il
me fut possible pour notre chère patrie, pour
mes amis, pour ceux qui s'étaient recom-
mandés à mes prières, et en particulier pour
les âmes que Dieu a confiées à mes soins.

J'entendis ensuite la messe que célébra
M. le curé de la Salette. Tous les pèlerins
eurent le bonheur d'y communier. Oh ! que
leur piété était grande, et avec quelle ferveur
ils priaient dans cette nouvelle étable de
Bethléem ! Marie a laissé sur toute la montagne un parfum si doux !

Après le divin sacrifice, M. le curé me

pria d'adresser quelques mots d'édification à la nombreuse assemblée qui nous entourait ; je me rendis à ses désirs, et me tournant vers ces fervents chrétiens : « Que les desseins de Dieu sont impénétrables, leur dis-je avec admiration ! Qui aurait dit, il y a deux ans, que ce lieu, si désert et si sauvage, allait devenir un des lieux les plus fréquentés du monde, un des pèlerinages les plus célèbres de l'univers ?

» Mais à peine la Sainte Vierge a-t-elle posé les pieds sur cette montagne, que les anges se sont empressés de répandre partout cette heureuse nouvelle. Nous-même, au fond de la Normandie, à 200 lieues d'ici, nous avons appris ce grand événement, et dès lors nous nous sommes promis à nous-même de venir honorer les traces de Marie. »

Je dis à mes auditeurs qu'en ce jour j'accomplissais ma promesse, et que je bénissais Dieu, non seulement des douces émotions qu'il m'avait fait éprouver, mais encore de la ferveur que je remarquais dans toute l'assemblée.

Je félicitai les habitants des Alpes de ce qu'ils s'étaient convertis à la voix des deux enfants ; je leur dis que probablement la France devait beaucoup à leur piété, et que peut-être Dieu ne nous avait épargnés qu'à leur considération. Je leur racontai le fait prodigieux de la multiplication des moissons en Normandie, au mois de mai 1847. Je les engageai à la persévérance. J'exhortai aussi les pèlerins à mettre toujours leur confiance en Marie, et à redire chez eux tout ce qu'ils avaient vu et entendu d'édifiant sur la sainte montagne.

Ensuite nous priâmes tous ensemble pour la conversion des pécheurs, pour le salut de notre commune patrie, pour le Pontife romain, notre père vénéré, pour Nosseigneurs de Grenoble et de Séez, pour le clergé et les fidèles de leurs diocèses, pour les pauvres malades, les petits enfants et les bonnes religieuses de l'hospice qui m'est confié.

Puis nous chantâmes de toutes nos forces ce cantique admirable que Marie composa dans les montagnes de la Judée et qui a un si doux retentissement dans celles des Alpes. Enfin je quittai ces saints lieux après avoir dit plus d'une fois à notre bonne Mère : Oh ! qu'il fait bon ici, et qu'il me serait doux d'y passer le reste de mes jours ! Je redescendis la montagne, le cœur rempli de joie, mais avec plus de fatigue que je n'en avais éprouvé le matin, en la montant.

Je chantai cependant à haute voix le *Te Deum*. Pourrais-je ne pas dire ici que les excellents jeunes gens de Corps, qui étaient venus avec moi le matin, m'avaient attendu ; ils se rangèrent de nouveau à mes côtés, pour me parler encore de l'apparition et des bergers ; l'un d'eux était neveu de Marie Gaillard, femme Laurent, de Corps, qui, la première, avait ressenti les effets de la protection spéciale de Marie dans la contrée. Elle avait recouvré tout d'un coup, et pendant qu'on priait pour elle sur la montagne, le 22 novembre 1846, l'usage de ses membres dont elle était entièrement privée depuis dix-sept ans. Le docteur Calvat a attesté la guérison miraculeuse.

Je rentrai à Corps à quatre heures du soir, et, après avoir pris un peu de nourriture, je retournai chez M. l'archiprêtre : celui-ci, ainsi qu'il me l'avait promis la veille, voulut bien me conduire près des enfants témoins de l'apparition.

Je pressai avec bonheur sur mon sein cette tête blonde et candide du petit Maximin, qui a vu, sur la montagne, celle qui fait les délices du ciel et l'espérance de la terre !

J'adressai à Maximin et à Mélanie quelques questions relatives aux menaces de la Sainte Vierge qui n'ont pas eu leur exécution ; ils y répondirent comme ils l'ont toujours fait en pareille circonstance.

J'aurais désiré les interroger plus longtemps ; mais, outre que les pauvres enfants me parurent fort ennuyés des visiteurs, la cloche de Corps, qui appelait les fidèles à l'église, pour y prier pour la conversion des pécheurs, me força de mettre fin à mon interrogatoire. Le soir, à neuf heures, je repris la voiture de Grenoble, et le samedi suivant je revoyais la ville de Séez, après treize jours d'absence.

DESCRIPTION DE LIEUX

Nous empruntons à l'ouvrage de M. l'abbé Rousselot la description des lieux qu'on va lire, et qui est parfaitement conforme à ce que nous avons vu de nos propres yeux.

La Salette est une commune assez importante du canton de Corps, dont elle est distante de 8 kilomètres : elle est élevée de 1124 mètres au-dessus du niveau de la mer. Les habitants, au nombre de 800, sont disséminés dans dix hameaux peu éloignés les uns des autres, situés dans divers plateaux de la montagne. Le lieu de l'apparition est éloigné de l'église, de 8 kilomètres environ. Pour y parvenir, il faut monter pendant deux heures par un sentier ardu et difficile. Enfin, on arrive au plateau nommé *Baisses*, lequel est formé par trois montagnes assises sur la même base et se confondant jusqu'à la moitié de leur hauteur. Il s'étend du nord au midi et est couvert de verdure ainsi que les trois montagnes qui, après leur séparation et jusqu'à leurs sommets, n'offrent à l'œil que des pâturages verts et rampants : on n'aperçoit pas même le plus petit arbuste à mille mètres à la ronde.

Sur le plateau se trouve un ravin peu profond, formé par deux tertres qui courent du nord au midi, au fond duquel coule le petit ruisseau appelé le *Sezia ;* c'est au fond de ce ravin, sur la rive droite du ruisseau et dans l'endroit où coule depuis, sans interruption,

la célèbre fontaine, que fut d'abord aperçue
la belle Dame, d'après les termes de la relation. C'est à deux ou trois pas plus bas et du
même côté qu'elle parla aux deux enfants
rassurés et invités à s'approcher; mais c'est
après avoir franchi d'un seul pas le ruisseau
et fait vingt-cinq ou trente pas en remontant
le tertre opposé, qu'elle disparut peu à peu
aux yeux des enfants étonnés qui l'avaient
suivie, et qui se trouvaient à moins de
trois pas d'elle lorsqu'elle s'éleva dans les
airs.

Quant au tas de pierres sur lequel les enfants aperçurent la Dame assise, triste et le
visage caché dans ses mains, il a totalement
disparu. Les pèlerins ont non seulement em-
porté ces pierres, mais ils ont gratté, râclé
tout ce qui se rapprochait un peu de ce lieu
vénéré.

La pierre sur laquelle reposait immédiatement la Dame est à la Salette. — M. le curé
la placera plus tard dans la chapelle qu'il

espère élever à la Sainte Vierge, à l'endroit de son apparition.

On a planté en ce lieu 14 croix : la première près de la fontaine, appelée depuis *Croix de la conversation*; douze autres sont échelonnées le long du chemin qu'a parcouru la Dame ; enfin la quatorzième s'élève à l'endroit de la disparition et s'appelle *Croix de l'Assomption*. C'est près de cette dernière que se trouve la petite chapelle en planches où on célèbre tous les jours les saints mystères. Les pèlerins prient avec une ferveur toute particulière à la première et à la dernière de ces croix.

LES ENFANTS

Pour juger du degré de confiance que l'on doit avoir dans les bergers de la Salette, il importe de savoir ce qu'ils étaient avant l'événement qui les a rendus si intéressants.

MM. Bez et Rousselot ont tracé de ces enfants le portrait qu'on va lire, lequel m'a paru fidèle en tout point.

Maximin. — Pierre-Maximin Giraud est né à Corps, le 27 août 1835, de parents pauvres et qui gagnent leur vie à la sueur de leur front; son père est charron. Maximin est petit, il porte une figure ronde annonçant la santé : il regarde avec douceur, fixe sans crainte et sans rougir les personnes qui l'interrogent. Il ne reste pas un instant sans agiter ses bras et ses mains.

Avant l'événement, Maximin n'allait point à l'école, il ne savait ni lire ni écrire, il était sans éducation, sans instruction. Lorsqu'on le conduisait à l'église, il s'échappait assez souvent pour aller jouer avec ses petits compagnons, de sorte que, dépourvu de toute instruction religieuse, il n'avait pu être compris parmi les enfants que M. le curé de Corps préparait à la première communion.

Maximin a les défauts de son âge ; on ne lui connaît pas de vices.

Maximin n'a point d'amour - propre, il avoue avec ingénuité la misère de sa condition, et ses premières occupations ; il dit naïvement qu'avant d'entrer chez Pierre Selme, à la Salette, il allait ramasser du fumier sur la grande route.

Il avoue même ses défauts avec beaucoup de franchise ; il dit qu'avant l'apparition il mentait et jurait, en jetant des pierres après ses vaches.

Depuis l'événement du 19 septembre 1846 Maximin demeure chez les Sœurs de la Providence à Corps, qui ont bien voulu se charger de lui et de Mélanie.

Maximin n'est pas naturellement pieux ; cependant il assiste volontiers aux offices et prie de bon cœur, toutes les fois qu'on le rappelle à ce devoir.

Mélanie. — Françoise-Mélanie Mathieu est aussi née à Corps, le 7 novembre 1831, de parents très pauvres. Dès l'âge le plus tendre, elle fut placée en condition par ses parents, pour gagner sa vie en gardant les troupeaux. Elle n'allait que rarement à l'église, parce que ses maîtres l'occupaient les dimanches et fêtes, comme les autres jours de la semaine. Elle n'avait presque aucune connaissance de la Religion, et sa mémoire ingrate ne pouvait retenir deux lignes de catéchisme : aussi n'avait-elle pu être admise à faire sa première communion. Mélanie est assez grande, sa figure est douce et agréable, elle est fort modeste Elle avait passé les neuf mois qui précédèrent l'apparition, chez Baptiste Pra, propriétaire aux Ablandins, commune de la Salette. Son maitre dit qu'alors Mélanie était paresseuse, désobéissante et boudeuse ; mais depuis l'apparition elle est devenue active et obéissante : elle est fort pieuse depuis qu'elle a fait sa première communion.

Nota. — Les enfants ont fait leur première communion a Corps, le 7 mai 1848.

RÉCIT DES BERGERS

Le récit que font aujourd'hui les enfants aux nombreux pèlerins qui les interrogent est le même qu'ils firent à leurs maîtres le soir même de l'apparition. Le lendemain ils racontèrent ce fait de la même manière à Messieurs les curés de Corps et de la Salette, et plus tard à Mgr l'Évêque de La Rochelle, qui l'a consigné dans le livre qu'il a composé sur cet événement. Nous le donnons textuellement à nos lecteurs.

L'APPARITION

Le 19 septembre 1846, Maximin et Méla-nie, munis de leurs petites provisions, avaient quitté, dès le lever de l'aurore, le hameau des Ablandins, et conduit leurs troupeaux jusque sur le *Mont-aux-Baisses*, séparé d'autres montagnes par un ravin profond, appelé le *Sézia*. Ils arrivèrent vers le midi sur le plateau de la montagne. Les nuages froids qui couronnent ces hauteurs la plus grande partie du jour avaient entièrement disparu. Point d'obstacle à l'ardeur des rayons du soleil ; jamais le jour n'avait été plus beau, mais rarement la chaleur avait été aussi brûlante. Nos deux bergers descendent au fond du ravin et vont s'asseoir auprès d'une fontaine intermittente, et qui pour lors était à sec. Le ruisseau qui coulait lentement au fond du ravin n'était faiblement alimenté que par les dernières fontes des neiges qui achevaient de disparaître sur le sommet des montagnes voisines. Ils trempèrent leur pain, pour le rafraîchir et l'amollir, dans l'eau du ruisseau, et firent paisiblement leur petit repas sur des pierres disposées à cet effet ; puis ils se couchèrent à quelques pas de là et s'endormirent. Après un sommeil assez court, Mélanie fut la première éveillée ; elle appela Maximin pour s'occuper avec lui de savoir où et dans quel état se trouvaient leurs troupeaux. Ils franchissent donc le ruisseau, s'avancent à une trentaine de pas sur la hauteur qui est à l'orient, et, remarquant que leurs troupeaux reposent tranquillement sur le versant de l'éminence opposée, ils se disposent à aller reprendre la place qu'ils occupaient précédemment près du ravin. Ils ne s'attendaient pas, et ils ne pouvaient s'attendre au spectacle qui allait les frapper. Depuis l'origine du monde, jamais, dans ces lieux escarpés et sauvages, ne s'était montrée une *grande Dame* vêtue comme une reine. Comment s'y serait-elle transportée, à moins de voyager dans les airs ? qui aurait pu, d'ailleurs, déterminer un tel personnage à venir dans ces lieux arides, couronnés de frimas les deux tiers de l'année, et n'offrant, dans la belle saison, presque aucun abri contre les ardeurs du soleil ; séjour inconnu à tout autre mortel qu'à de pauvres bergers et à quelques hardis montagnards, seuls capables de s'y aventurer? Maximin et Mélanie durent être étrangement surpris, lorsque, après s'être assurés de l'état de leurs troupeaux, ils virent, au milieu d'une grande clarté qui l'environnait, une *belle Dame* assise près du lieu où ils avaient pris leur repas, les coudes appuyés sur ses genoux, et la tête dans ses deux mains. Elle paraissait livrée à la plus vive douleur, et, quand elle retira ses mains, son visage parut inondé de larmes. A l'approche des deux enfants qui se demandaient l'un à l'autre ce qu'elle pouvait être, elle se leva majestueusement, et croisa les bras sur sa poitrine. C'est alors qu'ils furent saisis à la vue de la splendeur qui brillait dans toute sa personne et autour d'elle. C'était la Reine du ciel; mais les bergers ne s'en doutaient pas. Ils voulurent fixer leurs regards sur elle; mais ils ne purent qu'à grand'peine supporter sa beauté éblouissante. Ils remarquè-

rent pourtant le diadême qui brillait sur son
front, et qui était surmonté d'une coiffure
asiatique assez élevée ; une espèce d'écharpe
au manteau royal l'enveloppait ; une robe
blanche recouverte d'un par-dessus de cou-
leur d'or ; des souliers agrafés qui étince-
laient au-dessus ,et qui, tout autour, semblaient guirlandés de fleurs. Une chaîne d'or
de la largeur de trois doigts descendait jusqu'à sa ceinture ; une autre petite chaîne d'or
soutenait un crucifix d'environ huit pouces
qui laissait voir à ses deux bras, d'un côté,
des tenailles entr'ouvertes et pendantes ; de
l'autre, un marteau ; symboles de la passion
du Sauveur, qui semblaient suspendus sans
aucun soutien.

A cette vue, un sentiment de terreur inex-
primable s'empara de nos deux petits enfants. Mélanie, dans sa stupeur, laissa tomber à terre son bâton de bergère ; Maximin
s'en aperçut, et l'engagea à le reprendre, lui
disant qu'elle pourrait en avoir besoin pour

se défendre contre cette dame inconnue, si
elle les attaquait. Leur effroi redouble, et déjà
ils se disposaient à fuir, quand Marie, de cette
voix si douce et si maternelle qui dissipe
toutes les craintes, leur dit : « Ne craignez
» pas, mes enfants, venez : je suis ici pour
» vous annoncer une grande nouvelle. » A
ces mots, Maximin et Mélanie s'approchèrent
eu toute confiance : la terreur qu'ils venaient
d'éprouver avait soudain entièrement disparu. La Reine du ciel fit elle-même deux pas
pour se rapprocher d'eux. Ils avaient passé
le ruisseau, et se trouvaient tout près d'elle :
Maximin à sa gauche, Mélanie à sa droite.
Marie, les bras toujours croisés sur sa poitrine, leur parla à peu près en ces termes,
avec l'accent d'une personne oppressée par
l'affliction et le chagrin :

« Mes enfants, mon Fils est irrité contre
» les transgressions dont le peuple se rend
» coupable à l'égard de ses lois saintes. Il
» menace de le punir bientôt ; et c'est moi qui

» retiens son bras vengeur ; mais ce bras est
» si pesant, que je n'en puis plus soutenir le
» poids, si mon peuple ne veut pas se sou-
» mettre. Vous ne pourrez jamais reconnaî-
» tre assez les peines que je prends pour
» vous. Vos crimes demandent vengeance.
» La juste indignation de mon Fils se serait
» déjà appesantie sur vous et vous eût frap-
» pés d'une manière terrible, si mon inter-
» vention maternelle n'eût arrêté ses coups.
» Toute autre prière aurait été impuissante.
» C'est pourquoi la mienne est aussi conti-
» nuelle que nécessaire pour obtenir que
» vous soyez épargnés. Mais, hélas ! ceux qui
» sont les plus tendres objets de ma sollici-
» tude dédaignent mes soins et mon affec-
» tion, et ils ne me savent pas gré de ce que
» je fais continuellement pour eux.

» Mon Fils a donné aux hommes six jours
» pour travailler, et il s'est réservé le sep-
» tième ; mais ils ne veulent pas le lui don-
» ner. Les jours de dimanches, pour un

» grand nombre, sont comme des jours ordi-
» naires. On ne va presque plus à la messe
» dans la belle saison. Tout au plus y voit-on
» quelques femmes d'un certain âge. Tous
» les autres travaillent la plus grande partie
» de l'été les jours de dimanches. Ceux qui,
» dans certain temps ou certains jours, se
» rendent à l'église, semblent n'avoir d'autre
» but que de se moquer de la Religion, soit
» au dedans, soit au dehors du lieu saint.

» Le blasphème est un autre crime qui ir-
» rite grandement mon Fils. Son nom est
» indignement profané et mêlé aux plus af-
» freux propos. On le blasphème à la suite
» des animaux et des voitures, comme si l'on
» ne pouvait les faire avancer sans ces jure-
» ments horribles. Voilà les deux crimes qui
» provoquent davantage la colère divine.

» Il en est d'autres qui annoncent le peu
» de cas que l'on fait des lois les plus saintes.

» Les jours d'abstinence ne sont plus ob-
» servés par une multitude innombrable de

» chrétiens, qui, semblables à des animaux
» voraces, se jettent sur la viande, sans
» distinction des jours où l'usage en est in-
» terdit.

» Si les pommes de terre se gâtent, c'est à
» cause des péchés du peuple que le Ciel, par
» ses châtiments, veut faire rentrer en lui-
» même. Il a déjà été averti par les fléaux de
» l'année dernière. »

Mélanie ne comprenant pas ce que signi-
fiaient les mots de *pommes de terre*, désignées
dans le Dauphiné sous le nom de *truffes*, se
tourna vers Maximin pour demander ce que
voulait dire la *Dame*.

« Ah ! mes enfants, reprit la Sainte Vierge,
» vous ne comprenez pas bien le français : eh
» bien, je vais m'exprimer dans votre lan-
» gage ordinaire. » Puis elle continua ainsi
dans le patois du pays :

« Le peuple n'a pas tenu compte des aver-
» tissements qu'il a reçus l'année dernière ;
» au contraire, quand on trouvait les pommes

» de terre gâtées, on les jetait de dépit, en
» jurant. Elles se gâteront encore davantage :
» et l'on n'en trouvera bientôt plus dont on
» puisse se nourrir. »

La bonté avec laquelle la Reine du ciel
parlait à ces deux enfants, la confiance
qu'elle leur inspirait les mettait à l'aise. Le
petit Maximin était peiné de lui entendre annoncer que la principale nourriture des pauvres montagnards allait manquer ; et, ou-
bliant que ce malheur n'était prédit que dans
la supposition où le peuple persévèrerait dans
ses transgressions, il dit à la Sainte Vierge :
« *Oh! que non, Madame, les pommes de terre*
» *ne manqueront pas toutes, on en trouvera*
» *bien encore quelques-unes.* »

Le pauvre petit enfant était excusable : il
ne savait pas à qui il parlait. Il n'y avait d'ailleurs dans ses paroles ni malice ni incrédu-
lité proprement dite. Aussi la Sainte Vierge
ne se fâche-t-elle pas de cette contradiction.

« Mon enfant, lui dit-elle, le blé ne se gâte-

» t-il pas aussi cette année ? » — MAXIMIN : —
« *Je ne sais pas, Madame.* » — LA SAINTE
VIERGE : — « Ne te souviens-tu pas qu'un
» jour ton père était avec toi dans la terre
» qu'on appelle *le Coin ?* Il froissa dans ses
» mains quelques épis de blé, et s'écria :
» Qu'allons-nous devenir cette année, si tout
» le blé est comme cela ? Puis, en retournant
» à Corps, il te donna un morceau de pain en
» disant : Tiens, mon enfant, mange ce pain à
» présent : l'année prochaine je ne sais pas
» qui en mangera. » — MAXIMIN : — « *C'est*
» *vrai, Madame, je m'en souviens, tout à*
» *l'heure je n'y pensais pas.* » — LA SAINTE
VIERGE : — « Si le peuple persévère dans ses
» transgressions et ses crimes, s'il continue à
» se raidir contre les lois qu'il devrait obser-
» ver, il ne pourra compter, pour sa nourri-
» ture, ni sur la ressource du blé, ni sur celle
» des pommes de terre. Qu'on sème le blé, si
» l'on veut, ce sera un blé perdu, parce que
» les vers et les insectes le mangeront en

» herbe, et le peu qui se formera en épis
» tombera en poussière, quand on le battra
» dans l'aire. Les raisins pourriront, les noix
» deviendront mauvaises. Ce désastre amè-
» nera une grande famine. Les petits enfants,
» saisis d'un tremblement qui agitera tous
» leurs membres, expireront entre les bras
» de leurs mères et nourrices. Les grands et
» les riches eux-mêmes manqueront des ali-
» ments les plus nécessaires à la vie, et ils
» feront pénitence par la faim. Voilà ce qui
» arrivera si mon peuple ne veut pas se sou-
» mettre. Mais s'il se convertit, ce sera tout
» autre chose: les pommes de terre viendront
» dans les champs mêmes qui n'auront pas
» été ensemencés ; les rochers et les pierres
» se changeront en monceaux de blé. Oui,
» mes enfants, la piété et le retour à Dieu dé-
» tourneraient ces malheurs dont mon Fils
» menace les hommes.

» Maintenant un grand nombre d'hommes
» se lèvent et vont se coucher sans faire de

» prières, comme si Dieu leur devait tout,
» comme s'ils ne devaient rien à Dieu. Vous-
» mêmes, mes enfants, faites-vous bien vos
» prières? » — MAXIMIN : — « *Pas guère,*
» *Madame.* » — LA SAINTE VIERGE : — « Fai-
» tes bien votre prière, mes enfants, le matin
» et le soir. Quand vous n'avez pas le temps
» de la faire entière, dites au moins un *Pater*
» et un *Ave.* Si vous avez le temps d'en dire
» davantage, dites ce que vous savez, mais
» au moins l'Oraison Dominicale et la Saluta-
» tion Angélique. Soyez-y bien fidèles. »

Après cet avis, la Sainte Vierge a donné à
chacun des enfants un secret particulier à
garder : et, quoiqu'elle parlât à haute voix à
chacun d'eux, l'un n'a pas entendu ce qu'elle
disait à l'autre.

Ensuite elle s'est adressée à tous les deux,
en leur disant : « Ayez soin, mes enfants, de
» faire savoir ce que je vous ai dit à tout mon
» peuple. Je compte sur votre obéissance :
» faites-le bien savoir à tout mon peuple. »

Après avoir dit ces paroles, Marie s'éloigna des deux bergers. D'un seul pas, elle franchit le ruisseau, et se dirigea vers l'endroit où Maximin et Mélanie étaient montés, une demi-heure auparavant, pour voir où étaient leurs troupeaux.

Cette belle Dame leur était devenue infiniment chère par la bonté avec laquelle elle les avait entretenus, et il en coûtait à leurs cœurs de se séparer d'elle. Depuis qu'elle leur avait parlé, leur intelligence s'était singulièrement développée : cette mémoire si pesante, et qui ne leur permettait de rien retenir, était devenue si fidèle, qu'ils n'avaient pas perdu une seule des réflexions qui leur avaient été adressées. Leur esprit, naguère si léger et si volage, était devenu réfléchi et sérieux ; la Religion, qui précédemment n'avait jamais exercé aucun empire sur eux, était à cette heure la seule puissance qui régnât dans leurs âmes.

Quand ils virent la belle Dame se séparer

d'eux, ils s'attachèrent à ses pas, et n'auraient plus voulu la quitter. Ils la suivirent jusque sur le lieu où elle s'arrêta, c'est-à-dire à trente ou quarante pas de l'endroit où elle les avait entretenus. Mélanie l'avait devancée, et se tenait à deux ou trois pas au-dessus d'elle ; Maximin demeura à peu près à la même distance, au-dessous.

L'un et l'autre avaient remarqué que le gazon ne fléchissait pas sous les pieds de cette mystérieuse Dame, et que les fleurs qui entouraient ses souliers n'étaient point froissées dans sa marche. Ils avaient les yeux fixés sur elle, lorsqu'ils la virent s'élever de terre, à la hauteur de trois ou quatre pieds. Elle demeura ainsi suspendue quelques instants, comme pour donner aux deux bergers le temps de la bien considérer. Elle portait ses regards tantôt à droite et tantôt à gauche. Puis, son visage s'étant tourné du côté du nord, elle se fondit insensiblement, comme un léger tapis de neige exposé aux rayons d'un brûlant soleil. Sa tête disparut d'abord, puis ses bras, puis son corps ; il ne restait plus que ses pieds de visibles : Maximin se lança pour les saisir avant qu'ils disparussent ; mais, pendant ce temps-là, l'image s'en éclipsa aussi.

Quand la vision eut entièrement cessé, il ne resta plus, pendant une ou deux minutes, qu'une clarté éblouissante dans l'espace d'où la Sainte Vierge s'était élevée au ciel. *Il faut bien*, se dirent alors les enfants, *que cette Dame qui vient de nous parler, et qui s'est dérobée à nos yeux, soit une sainte. Oui, c'est une sainte,* répétaient-ils.

Il n'était pas temps encore de ramener leurs troupeaux dans leurs étables : ils les laissèrent paître encore quelques heures dans les prairies, et les reconduisirent vers le soir à l'habitation de leurs maîtres.

LES BERGERS N'ONT ÉTÉ NI TROMPÉS NI TROMPEURS

Nous devons croire au récit que nous font es enfants, de l'apparition de la Sainte Vierge, s'il nous est clairement démontré qu'ils n'ont été ni trompés ni trompeurs.

———

Les bergers n'auraient pu être trompés,

Que par une personne fourbe et adroite qui aurait joué devant eux le rôle qu'ils attribuent à la Dame. Les lieux, dit ici avec raison M. l'abbé Rousselot, tels qu'ils sont fidèlement décrits plus haut, prouvent l'impossibilité de toute espèce de fraude, de supercherie et de ruse. Aucun lieu moins propre à une apparition soudaine, à une disparition subite de quelque aventurière qui aurait essayé de tromper les pauvres bergers pour

tromper ensuite le public. Aucun lieu moins
propre aux illusions de l'optique, aux effets
de lumière, au travestissement que l'on est
obligé de supposer, quand on veut contredire,
par des hypothèses chimériques, le récit si
simple et si naïf des enfants de la Salette.

Puis, quelle serait l'aventurière qui aurait
voulu tromper les enfants ? d'où serait-elle ?
par où serait-elle venue sur la montagne ?
comment n'aurait-elle pas été aperçue des
quarante autres bergers qui se trouvaient à
peu de distance de Maximin et de Mélanie ?
par où s'en serait-elle allée ? comment se
serait-elle rendue tout à coup resplendissante
de lumière ? comment aurait-elle disparu gra-
duellement ?

Si cette Dame est de Corps, où a-t-elle pris
un costume si différent de celui des femmes
du pays ?

Si elle est étrangère, comment a-t-elle
parlé le patois des Alpes ? comment a-t-elle
su l'affaire du *Coin,* qui n'était connue que du

père de Maximin et de lui ; encore l'enfant l'avait-il oubliée ? Cette circonstance a tellement frappé Pierre Giraud, d'abord incrédule au récit de son fils, qu'elle lui a fait verser beaucoup de larmes, et a puissamment contribué à sa conversion. Qu'on ne dise pas que les enfants ont été sous le poids d'une allucination mentale de quelques moments : de bonne foi, peut-on admettre une illusion absolument identique dans deux êtres qui se connaissaient à peine, et qui alors, comme cela a eu lieu depuis, éprouvaient beaucoup plus d'antipathie l'un pour l'autre que de sympathie ?

Les bergers n'ont donc pas été trompés.

____

Ils ne sont pas trompeurs.

Le caractère simple et grossier des enfants, tel que je l'ai décrit ; leur défaut d'instruction et de science, leurs habitudes, disent assez qu'ils eussent été incapables de forger une elle fable. Où auraient-ils pris les expréssious bibliques dont se compose une partie de leur récit ?

Dans quelle église ont-ils vu l'image de la Sainte Vierge revêtue du costume qu'ils prêtent à la Dame ? pourquoi ce marteau et ces tenailles suspendus à la croix qu'elle portai t à son cou ?

Comment auraient-ils osé prédire une grande famine ? la mort des petits enfants par le tremblement ? pourquoi ce secret ? n'auraient-ils pas vu qu'en l'inventant, ils s'exposaient à mille questions embarrassantes et à se couper à la première occasion.

Si les enfants étaient des imposteurs, comment des pontifes augustes, des théologiens profonds, des savants illustres qui les ont interrogés, n'ont-ils pu, depuis deux ans, les faire tomber dans la moindre contradiction, après leur avoir fait subir des interrogatoires qui ont duré cinq, six heures, et même sept heures ? Comment les pauvres bergers auraient-ils pu supporter le terrible interrogatoire qu'il leur a fallu subir à Grenoble, devant la Commission d'enquête composée de seize membres, et présidée par Mgr l'Évêque ? Certes, les plus déterminés menteurs eux-mêmes eussent été déconcertés.

N'oublions pas de dire que, dès le commencement, toute fraude concertée entre les enfants fût devenue impossible. En effet, le père de Maximin le rappela à Corps, immédiatement après l'apparition, tandis que Mélanie resta chez son maître, à la Salette, jusqu'à Noël suivant. Comment donc les enfants ont-ils fait exactement le même récit et ne sont-ils tombés dans aucune contradiction, pendant les trois mois qu'ils étaient séparés l'un de l'autre ?

FACILITÉ DES BERGERS A RÉPONDRE AUX DIFFÉRENTES QUESTIONS QU'ON LEUR PROPOSE

Il est encore un point qui a frappé singulièrement tous ceux qui se sont occupés du fait de la Salette, c'est la facilité étonnante avec laquelle les pauvres bergers répondent aux difficultés sans nombre qu'on oppose à leur récit, et aux objections captieuses qu'on leur fait : M. l'abbé Lagier, l'un de leurs plus terribles scrutateurs, en sait quelque chose.

Un jour il disait à Mélanie : Comment as-tu pu te rappeler ce que t'a dit la Dame, toi qui ne comprenais guère le français? sans doute qu'elle te l'a dit plusieurs fois et qu'elle t'a appris à le répéter !

Oh ! non, répondit l'enfant, elle ne me l'a dit qu'une fois, et je me le suis rappelé : et puis, quoique je ne comprisse pas bien le

français, en répétant ce qu'elle m'avait dit,
cela suffisait : ceux qui savaient le français le
comprenaient bien.

D. Ton bon ange sait-il ton secret ?

R. Oui, Monsieur.

D. Hé bien, quelqu'un sait donc ton secret ?

R. Mais mon bon ange n'est pas du peuple.

D. Puisque ton bon ange connaît ton secret,
nous le saurons bien aussi ?

R. Hé bien, Monsieur, faites-vous le dire.

D. La Dame a disparu dans un nuage ?

R. Mais il n'y en avait pas.

D. Il est facile de s'envelopper d'un nuage
et de disparaître ?

R. Hé bien, Monsieur, enveloppez-vous
d'un nuage et disparaissez.

A MAXIMIN

D. La Dame t'a trompé ; elle t'a prédit une
famine, et la récolte est bonne partout.

R. Qu'est-ce que cela me fait ? Elle me l'a dit, cela la regarde.

D. La Dame que tu as vue est en prison à Grenoble.

R. Bien fin qui la prendra.

D. La Dame n'était qu'un nuage lumineux et brillant

R. Mais un nuage ne parle pas ?

D. Tu es un menteur ? Je ne te crois pas.

R. Qu'est-ce que cela me fait ? Je suis chargé de vous le dire et non pas de vous le faire croire : d'ailleurs pourquoi venir de si loin pour m'interroger, si vous ne me croyez pas ?

D. C'est le démon que tu as vu, il s'est transformé en ange de lumière ?

R. Mais le démon ne porte pas de croix.

D: Mais, mon enfant, le démon a porté Jésus-Christ lui-même sur le haut du temple de Jérusalem ?

R. C'est vrai, Monsieur ; mais, depuis ce temps, Jésus-Christ a sauvé le monde par sa croix, et il ne permettra pas au démon de la profaner.

Que penser de pareilles réponses et de mille autres semblables ? dira-t-on que derrière les enfants se trouve quelque imposteur qui se sert d'eux pour induire le monde en erreur ? Mais quel est ce fourbe comme on n'en vit jamais ? qu'on le nomme : comment, depuis deux ans, n'a-t-il pas été découvert ? comment, toujours invisible, se trouve-t-il juste à temps pour suggérer aux bergers les réponses qu'ils doivent faire aux questions les plus embarrassantes qu'on leur adresse chaque jour ?

Est-ce un prêtre ? Mais tout le pays sait que les petits bergers n'ont jamais connu d'une manière particulière que M. le Curé de Corps, et, loin d'être en rapports intimes avec eux, il les avait refusés pour la première communion à cause de leur ignorance religieuse : comment donc, après cela, cet ecclésiastique aurait-il employé ces enfants, mécontents de lui ainsi que leurs parents, pour ourdir avec eux la trame la plus infâme qui fût jamais ? Quant à M. le Curé de la Salette, outre que le titulaire d'alors était un vieillard octogénaire, usé, au physique et au moral, et par cela même incapable d'inventer un pareil thème, Maximin ne l'avait jamais vu, il n'était dans sa paroisse que depuis cinq jours.

Mélanie, il est vrai, habitait la Salette depuis neuf mois; mais elle ne connaissait presque pas M. le Curé, puisqu'elle n'allait que très rarement à l'église et que ses maîtres l'envoyaient après leurs troupeaux, les dimanches et les fêtes comme les autres jours.

Il faut bien que les habitants de la Salette et des environs aient aussi cru que leurs petits compatriotes n'avaient été ni trompés, ni trompeurs, eux qui, après s'être moqués de ces pauvres enfants, se sont convertis à leur voix ; et dans le canton de Corps, qui compte près de 6,000 âmes, c'est à peine s'il s'en trouve 50 qui ne se soient pas approchés du tribunal de la pénitence.

Que dire de cet ébranlement général qu'a produit le fait de la Salette, de ce concours immense de pèlerins qui, comme l'atteste M. le Curé de la Salette, dans la lettre qu'il écrivait dernièrement à Mgr de Grenoble, et que nous donnons ci-après, ne se ralentit pas, et a eu lieu au milieu même de la saison la plus rigoureuse ?

Le 8 septembre dernier, jour de la Nativité de la Sainte Vierge, il y avait encore plus de 4,000 pèlerins sur la montagne.

Que dire de ces 60,000 personnes qui s'étaient réunies sur la sainte montagne, le 19 septembre 1847, jour anniversaire de l'apparition ?

Un journal éminemment catholique, *la Voix de l'Église*, parle en ces termes de cette ambassade comme on n'en vit jamais, envoyée par la France, auprès de la Reine de l'univers :

JOURNÉE DU 19 SEPTEMBRE 1847

Dès la veille, la montagne était couverte d'une foule nombreuse. Un lord anglais, pour jouir du spectacle que devait offrir un si beau jour, avait fait dresser une petite tente sur une éminence. D'autres cabanes se groupaient à celle-ci, et, tout près du lieu où la Sainte Vierge s'était élevée au ciel, était érigée la chapelle portative. Le temps était mauvais, la pluie battait par torrents, le froid vous glaçait, et des brouillards épais enveloppaient les pèlerins. Puis la nuit étendit de toutes parts son voile sombre, et la foule était là sur la montagne, sans abri, malgré le froid et la pluie. Transis de froid, mouillés jusqu'aux os, ils persévérèrent toute la nuit à prier et à chanter. Les prêtres, retirés dans la chapelle, entonnaient les *Litanies de la Sainte Vierge*, le *Salve Regina*, le *Magnificat*, etc., etc.; et les pèlerins répondaient aux voix du sanctuaire ; et le vent soufflait, et la pluie tombait : et personne ne se plaignait, mais tous étaient heureux et fervents. Pas un rhume, pas une incommodité n'a été la suite d'une nuit si pénible, disent d'heureux témoins. Lorsque le vent venait à balayer le brouillard, on apercevait de toutes parts des flambeaux qui s'avançaient dans toutes les directions : c'étaient des pèlerins qui arrivaient par milliers.

A minuit, la pluie cessa, et vers deux heures du matin les messes commencèrent pour ne finir qu'à une heure après midi. Des prêtres, qui étaient venus en pèlerins, furent obligés d'entendre les confessions : les uns dans le creux d'un rocher; d'autres au milieu de la foule, et quelques-uns à travers les cloisons de la chapelle. Refuser d'entendre ces confessions n'était pas possible : car, disaient ces pieux pénitents, nous avons fait vœu de nous confesser à Notre-Dame de la Salette.

Dans la matinée, les brouillards se dissipèrent, et l'on put contempler avec bonheur ces 60,000 pèlerins qui se trouvaient simultanément sur la montagne. Le vallon était ravissant, il formait un berceau peuplé de pèlerins, au costume le plus varié, et sous l'attitude sublime du recueillement et de la prière.... Vers onze heures, les prêtres commencèrent à évangéliser la foule.

La fontaine miraculeuse fut assiégée pendant toute la journée; et, malgré le zèle des prêtres et la voix des gendarmes, la foule se pressait, se heurtait. On demeurait trois, quatre, et même six heures pour y arriver. Encore plus de 1,400 pèlerins se sont-ils retirés sans avoir eu le bonheur d'en boire, et la consolation d'en emporter quelques gouttes à leur famille chérie.

Lorsque les deux enfants parurent sur la montagne, chacun voulait les voir, les toucher, les embrasser ; on les étouffait, on les accablait de mille questions diverses. Aussi, pour satisfaire la piété et les désirs de ces bons pèlerins, ont-ils, à trois heures différentes et à trois endroits divers, raconté l'apparition et redit les paroles de la Sainte Vierge. Voici comment la chose se passait : Un grand cercle se formait autour des enfants ; le premier rang s'agenouillait ou s'asseyait ; et les autres se tenaient debout. Les enfants racontaient, et un porte-voix redisait au peuple les paroles des enfants, et des larmes de joie coulaient de tous les yeux. Puis les enfants se mêlaient à la foule, joignant leurs prières aux accents du peuple. Ici l'on formait un cercle, et Mélanie récitait à haute voix le chapelet, et tout le monde répondait ; là, Maximin racontait encore l'événement de l'année dernière. Ils étaient obsédés, et dans un épuisement tel, que Maximin, dit-on, tomba évanoui.

La croix de l'apparition et de l'Assomption étaient un autre objet de vénération : tout le monde les baisait avec amour et respect.

Mais la scène la plus sublime, l'instant le plus solennel a été quand on a chanté le *Magnificat* dans la vallée de l'apparition. Trente mille personnes des deux sexes, placées sur chaque versant de la vallée, et séparées par le ruisseau, en deux chœurs qui se faisaient face, élevaient la voix pour glorifier la Vierge Marie et remercier la Reine du ciel de la visite qu'elle a rendue à la terre, en chantant le cantique qu'elle improvisa dans sa visite à Elisabeth. Hommes, femmes, enfants, vieillards, infirmes, tous chantaient avec enthousiasme, et exhalaient l'admiration et l'amour qui reposaient leur fatigues et consolaient leurs âmes.

Mais nous sommes obligés de retrancher les impressions et les réflexions. Il est impossible de dire ce qu'il y a eu de magnifique et d'imposant dans le spectacle que la sainte montagne offrait en ce jour. Monseigneur Douarre, évêque d'Amatha, qui s'était fait inscrire pour y célébrer, ne put y arriver que deux jours après. Le mardi, la paroisse de Corps y est allée en procession avec bannières déployées, Mgr de Grenoble ayant promis d'y célébrer la messe tous les jours de l'octave.

Enfin Dieu lui-même n'a-t-il pas sanctionné le récit des enfants des Alpes, en opérant, tant dans l'ordre de la nature que dans celui de la grâce, grand nombre de prodiges, en faveur de personnes qui avaient fait des neuvaines en l'honneur de **N.-D.** de la Salette ou qui avaient bu de l'eau de la fontaine miraculeuse.

Nota. —Malgré la sécheresse de cette automne qui a tari presque toutes les autres sources de la montagne, celle de la fontaine miraculeuse ne cesse de couler abondamment, et pour le soulagement de l'humanité, et comme une preuve de plus en faveur de l'apparition de la Sainte Vierge en cet endroit.

MIRACLES DANS L'ORDRE DE LA NATURE

Dieu seul peut faire des miracles. Parmi ceux que sa bonté a daigné opérer en faveur des malades qui lui avaient demandé leur guérison par l'entremise de la Vierge de la Salette, nous citerons les suivants, qui se trouvent consignés dans les ouvrages de MM. Bez et Rousselot et dans celui de Mgr de La Rochelle.

Le premier est la guérison de sœur Saint-Charles, religieuse hospitalière de Saint-Joseph à Avignon, malade depuis 8 ans, d'une phthisie pulmonaire, réduite depuis longtemps à garder le lit, et, depuis 4 mois, condamnée à mort par les médecins, ayant la langue et la bouche tellement ulcérées, qu'elle ne pouvait presque plus rien avaler, ni se faire entendre. Cette moribonde, munie des derniers sacrements, fut guérie instantanément, radicalement, parfaitement, le 16 avril

1847, à la suite d'une neuvaine en l'honneur de N.-D. de la Salette, et après avoir bu de l'eau de la fontaine miraculeuse. Un moment avait suffi pour faire disparaître l'ulcération de la bouche, pour faire recouvrer à la sœur ses forces, son appétit et sa voix. Le même jour, elle mangea un morceau de pain bis, se rendit à la salle de travail avec les autres religieuses, repassa du linge pendant plusieurs heures, et elle jouit, depuis lors, d'une santé plus forte qu'elle ne l'avait jamais eue.

Toute la communauté des sœurs hospitalières d'Avignon, ainsi que Monseigneur de Châlons, qui se trouvait là par hasard, ont été témoins de ce prodige.

Cette guérison miraculeuse est constatée par MM. Gérard et Roche, médecins de l'hôpital d'Avignon, et Peyre, Sermandet, Barrèce, vicaires-généraux capitulaires de l'archevêché d'Avignon.

Deuxième. — A Saint-Félicien, diocèse de

Viviers, Mélanie Gamon a été aussi guérie instantanément et miraculeusement, le 15 août
1847, d'une affection à la moelle épinière,
avec trouble général des fonctions économi-
ques, dont elle souffrait horriblement depuis
6 ans. Elle était couverte de plaies et réduite à la dernière extrémité. Elle se leva à
l'instant même du miracle; l'attestation est
signée du docteur Fargues-la-Granche, de
Saint-Félicien, de M. Fustier, curé de la
même paroisse, et légalisée par M. Gervais,
vicaire-général de Viviers.

Troisième. — Un autre fait miraculeux a
eu lieu en faveur de Sylvie Julien de Lincel
(diocèse de Digne), âgée de 23 ans, atteinte
d'une gastralgie telle, que, depuis l'âge de
8 ans, elle vomissait tous les aliments qu'elle
prenait et était réduite à un si grand état de
faiblesse, qu'on ne l'entendait plus parler : et
même les derniers sacrements lui avaient été
administrés. Après avoir été portée mou-
rante sur la montagne de la Salette, le 2 juil-

let 1847, elle en descendit le jour même, pleine de santé et de joie, à la vue d'un grand nombre de spectateurs qui criaient miracle !

Le docteur Savy de Forcalquier atteste ce fait et rend compte des moyens curatifs qu'il avait employés, mais toujours inutilement, en faveur de la malade.

Quatrième. — Paul Regnier, de Forcal-quier, âgé de 55 ans, malade depuis 24 ans, par suite d'un rhumatisme mal soigné, d'une tumeur qui lui survint à la hanche droite et d'un dépôt qui caria l'os au point de néces-siter l'extirpation de 19 petits morceaux, qui s'en étaient détachés successivement, dans l'espace d'un an, avec des douleurs inouïes. Pendant plusieurs années, il ne pouvait mar-cher qu'au moyen de deux béquilles. Ayant fait pieusement le pèlerinage de la Salette, le 9 juin 1847, il boit de l'eau de la fontaine, lave la partie malade de son corps, éprouve subitement une force inaccoutumée, marche sans béquilles, n'éprouve plus aucune douleur ; il est parfaitement guéri. Tout ceci est attesté par de nombreux témoins et est de notoriété publique à Forcalquier et à la Salette.

Cinquième. — Le docteur Gagniard, demeurant à Avallon (Yonne), rend compte de la maladie et de la guérison miraculeuse de Mlle Antoinette Bollenat, de la même ville : « Antoinette Bollenat, dit-il, est âgée de 33 ans ; jusqu'à l'âge de 12 ans, elle avait eu une bonne santé ; à cette époque, elle fut jetée par terre et accablée de coups par une femme qui, en même temps, lui appuya violemment le genou sur la poitrine et sur la région épigastrique. A partir de ce moment, elle a toujours souffert de l'estomac, et un an après, en 1828, les vomissements commencèrent et se continuèrent avec quelques rares intermittences jusqu'en 1843. Depuis ce temps ils n'ont pas cessé, et le moindre aliment, une cuillerée de lait, du bouillon et même de l'eau, était presque toujours rejeté.

» En 1840, les douleurs d'estomac devinrent si intolérables, que la malade tombait en syncope, dès qu'on effleurait sa peau avec la main. Je profitai d'une de ces syncopes pour palper la région épigastrique, où je découvris alors une tumeur grosse comme un œuf de poule ; cette tumeur alla toujours en augmentant, et dans ces derniers temps elle occupait la région épigastrique de tout l'hypocondre gauche. Cette tumeur n'offrait aucun des caractères d'un anévrisme ; je la crus squirrheuse.

» Les syncopes devenaient de plus en plus fréquentes et longues ; elles duraient de dix minutes à une, deux et même trois heures. Les douleurs, le séjour au lit depuis 3 ans, la diète absolue, avaient réduit la malade à un état de maigreur et de faiblesse extrêmes, sa voix éteinte ne dépassait plus le bord des lèvres : sueurs nocturnes, douleurs épigastriques atroces, figure hypocondriatique. Depuis huit jours on n'avait pu la changer de lit. Je voulus palper la tumeur qui occupait la partie supérieure latérale gauche du ventre : mais la douleur fut si vive, que je dus y renoncer, et je quittai la malade en prévenant les parents que je ne pouvais plus rien faire pour elle, et qu'il fallait laisser mourir cette pauvre fille en repos ; ce qui ne pouvait tarder. Tel était l'état où se trouvait Antoinette Bollenat, le 19 novembre 1847 ; je n'y retournai pas le 20 ; mais le 23 on vint me dire qu'elle était guérie.

» Je ne crus pas d'abord à cette guérison. Mais le lendemain, quand je vis la malade levée, venir au-devant de moi avec un air de bonheur indicible, restant sur les jambes tout le temps de la visite;... que je la trouvai sans douleur dans le ventre, digérant tout, ne vomissant rien ; quand j'eus palpé avec force et avec le plus grand soin la région abdominale, naguère si douloureuse ; quand surtout je ne sentis plus de tumeurs, il fallut bien me rendre à l'évidence.

» Depuis ce temps, Antoinette Bollenat

marche, mange et dort, comme on le fait en parfaite santé.

» En foi de quoi, j'ai délivré le présent certificat, etc. »

Mlle Bollenat finissait, le jour où elle a été guérie, une neuvaine en l'honneur de Notre-Dame de la Salette, et elle avait bu, chaque jour de cette neuvaine, un peu d'eau de la fontaine miraculeuse.

Mgr l'Archevêque de Sens doit, dit-on, prononcer un jugement doctrinal sur cette guérison miraculeuse et sur deux autres du même genre, qui ont aussi eu lieu dans son diocèse.

Je pourrais citer un grand nombre de faits de cette nature, arrivés dans les diocèses de Paris, de Bordeaux, de Sens, de Grenoble, de Perpignan, de Viviers, de Digne, de Quimper, de Blois, d'Autun, de Troyes, et de Langres. Au moment où j'écris ces lignes, j'apprends aussi que plusieurs malades du diocèse de Séez, qui avaient également réclamé l'assistance de la Vierge des Alpes, ont éprouvé d'une manière particulière les heureux effets de sa maternelle protection ; mais, comme ces guérisons ne sont pas encore suffisamment constatées, je m'abstiens aujourd'hui de les qualifier. L'obligation que je me suis imposée de n'admettre que des faits incontestables me commande cette réserve.

J'engage les personnes qui désireraient connaître les autres faits miraculeux qui ont eu lieu par suite de l'invocation de Notre-Dame de la Salette à lire le premier ouvrage de M. l'abbé Rousselot sur l'apparition de la Sainte Vierge aux bergers des Alpes. Elles y verraient avec édification les guérisons extraordinaires d'Antoinette Granet, de Bedarrides (Vaucluse), certifiée par le docteur Vidal ; d'Angélique Carbasse, de Perpignan, attestée par M. l'abbé d'Aldéquier, vicaire-général, et par le docteur Passama ; de Marie Gaillard, de Corps, percluse de tous ses membres depuis 22 ans, laquelle guérison a beau-

coup contribué à la conversion des habitants
de Corps et du pays d'alentour ;

De Louise Almarie, de Saint-Michel, diocèse
de Digne ; la relation de cette guérison est
faite et signée par le docteur Savy.

Enfin une pauvre aveugle, nommée Victorine Sauvet, qui depuis un mois, était entièrement privée de la vue, recouvra l'entier usage
de ce sens si précieux, au moment où elle se
lavait les yeux avec l'eau de la fontaine miraculeuse. Voici du reste une copie de la dé-
claration qu'elle a envoyée à l'évêché de Grenoble. Nous conservons jusqu'à l'orthographe
de cette jeune personne :

« Je soussignée Victorine Sauvet, par reconnaissance pour Dieu et sa très sainte Mère,
je voudrais faire savoir à tout le monde que
le 25 septembre dernier, à dix heures moins
un car du matin, sur la montagne de la Salette,
aux pieds de la croix de la Conversation, en
me lavant les yeux avec l'eau de la Sainte
Vierge, en en buvant, j'ai été entièrement

guérie d'une cécité complète, qui, depuis un mois et quatre jours, me tenet continuellement plongée dans la nuit, et que tous les médecins de Marseille que j'avais consulté n'avet pu guérir. »

Victorine Sauvet, dernièrement fille de service chez M. Hech, économe de l'Hôtel-Dieu de Marseille, est maintenant chez ses parents à Lalley, canton de Clelle.

———

MIRACLES DANS L'ORDRE DE LA GRACE

S'il est vrai de dire que Dieu seul peut déroger aux lois générales du monde physique, seul aussi, il peut, quand il lui plaît, agir sur la volonté et le cœur de l'homme et le changer : et certes un miracle de ce genre n'est pas inférieur à ceux qui ont lieu dans l'ordre matériel ; la conversion du jeune Israélite Ratisbonne n'est pas moins un acte de la puissance divine, que la guérison si surprenante de Mademoiselle de Maistre, dont la maladie avait été déclarée incurable par plusieurs médecins de la capitale. Or, que de miracles de cet ordre ont eu lieu par suite de l'événement de la Salette ? Que dire en particulier de la conversion des habitants de Corps et du pays d'alentour, dont nous avons déjà parlé ?

Non seulement ces bons montagnards ont mis ordre à leur conscience ; mais ils ont encore, malgré leur extrême pauvreté, réparé, orné les chapelles que leurs pères avaient élevées dans chacun des villages, pour y prier, lorsque les neiges les empêchaient d'aller à l'église de la paroisse. Toutes ces chapelles ont un petit clocher et une cloche. Lorsqu'une procession se rend au lieu de l'apparition, les dix hameaux de la Salette et l'église paroissiale sonnent leurs cloches à grandes volées, pour la saluer : ce qui, dit-on, produit dans toute la montagne un effet ravissant.

On cite encore plusieurs conversions de pé-

cheurs invétérés, pour lesquels on avait prié
sur le lieu de l'apparition, ou qui avaient pris
même à leur insu de l'eau miraculeuse. Pour
nous, nous pouvons garantir l'exactitude du
fait suivant, arrivé dernièrement aux environs
de Séez. Une dame âgée, qui depuis 52 ans
ne s'était pas confessée, fut tout à coup frappée comme d'une attaque d'apoplexie et per-
dit l'usage de la raison. Une personne pieuse
de sa famille, à qui j'avais donné de l'eau de
la Salette, eut l'heureuse idée d'en verser
quelques gouttes sur la malade et de conjurer
la Vierge des Alpes d'obtenir, pour cette pa-
rente chérie, le temps de se reconnaitre et de
se réconcilier avec Dieu. Aussitôt la malade
recouvra l'usage de ses facultés morales, apprit avec plaisir ce qu'on avait fait pour elle,
reçut avec reconnaissance la visite d'un prêtre, et se confessa. Lorsque ce digne ecclésiastique se fut retiré, la dame parut enchan-
tée d'avoir mis ordre à sa conscience ; car,
disait-elle, M. le curé lui avait donné l'ab-

solution, tant à cause de son état critique que
de l'éloignement de l'habitation du pasteur.
Marie avait encore sauvé cette âme ; au moment où on croyait la malade en voie de guérison, elle passa, d'un sommeil qui paraissait
paisible, au tribunal du souverain Juge et
dans le sein de son éternité.

La Voix de l'Église raconte, ainsi qu'il suit,
une conversion qui aurait eu lieu avec des circonstances bien extraordinaires :

A une troupe de pèlerins venus d'une paroisse voisine, s'était jointe une de ces filles-
mères, le déshonneur de leur famille, et le
scandale des fidèles. Pauvre fille ! au prix de
combien de remords elle avait acheté les
jouissances du déshonneur ! Que de misères,
que de mépris, que d'avanies elle avait endu-
rés pour conserver la liberté du vice ! Aujour-
d'hui même, les pèlerins la repoussent ; ils
la rebutent, mais elle est habituée aux dé-
dains ; elle ne se décourage pas, elle les suit
silencieuse, d'aussi près qu'elle peut. Quelque

chose la pousse : la grâce de Jésus-Christ n'est-elle pas aussi pour les pécheresses ? Comme les autres elle veut boire à la source miraculeuse. Elle s'approche donc, elle puise l'eau sainte ; mais, en portant le verre à ses lèvres, elle y remarque, flottant au milieu de l'eau, un épi stérile et desséché. Le saisir, le glisser dans son sein, fut l'affaire d'un instant, et nul ne s'aperçut de rien, sinon que de grosses larmes roulaient dans ses yeux. Mais la voilà qui éclate en pleurs et en sanglots. Elle s'avoue coupable et malheureuse. Elle demande à se confesser ; car elle veut descendre la montagne, purifiée et digne des fidèles serviteurs de Marie. Un prêtre sage, qui était sur les lieux, lui conseilla d'attendre qu'elle fût de retour dans son pays. Elle a suivi ce conseil, et, depuis, elle mène une vie régulière, elle est pieuse et édifiante. L'épi stérile a été fécond.

OBJECTIONS

—

Première Objection.

Un fait de la nature de celui de la Salette
ne peut manquer de rencontrer des contra-
dictions. J'ai déjà répondu, dans l'avant-
propos de cet opuscule, à l'objection que l'on
fait par rapport aux menaces de la Sainte
Vierge, qui n'ont pas eu leur exécution. J'a-
jouterai que, si ces menaces ne regardaient
que les habitants du pays de Corps, ces montagnards ont fait ce qui leur était commandé;
si elles regardaient toute la France, il faut
croire que le nombre des conversions qui
ont eu lieu à l'occasion du jubilé de Pie IX a
été assez considérable pour désarmer le bras
de Dieu, et l'engager à remettre l'épée dans
le fourreau.

Quant à la famine et à la mortalité des pétits enfants, ces malheurs regardaient-ils l'année 1847, ou un autre temps? Personne ne le sait. Espérons qu'ils ont aussi été détournés de nos têtes par tant de retours à Dieu, et par tant de prières qui, du haut de la sainte montagne, ont fait tomber sur la France les grâces les plus abondantes.

Il me semble cependant que le Seigneur veuille nous faire entendre que son bras est encore levé sur nos têtes, puisqu'il permet que la maladie des pommes de terre dont parle la Sainte Vierge existe toujours : nous apprenons en effet avec peine que cette année le fléau se montre encore dans un grand nombre de localités. Ah ! si nos crimes étaient moins grands et les conversions plus fréquentes, les malheurs qui nous accablent cesseraient d'exister.

Deuxième Objection.

La plupart des miracles ont eu lieu à l'égard de religieuses ou de femmes : or, qui

ne sait quel rôle peuvent jouer, chez les personnes du sexe, l'imagination et les nerfs ?

Quand il serait vrai que Dieu n'aurait opéré
des miracles qu'en faveur de religieuses ou
de femmes, ce ne serait pas une raison suffisante pour nier leur existence ; il s'ensuivrait
seulement que ce sexe, par sa vertu, mérite
toujours de porter le nom glorieux de *sexe
pieux* et que sa foi attire sur lui d'une manière
toute spéciale les regards de Dieu et de sa
sainte Mère. D'ailleurs, le Seigneur ne dit-il
pas, dans les Écritures, qu'il est le protecteur
et le bienfaiteur des faibles? Mais, de ce
qu'un miracle a eu lieu en faveur d'une
femme ou d'une religieuse, est-on bien au-
torisé à le nier, surtout lorsqu'il s'agit de la
guérison, non pas de maladies de nerfs ou
d'imagination, mais bien de plaies invété-
rées, d'humeurs cancéreuses, etc., comme
celles que nous avons rapportées plus haut,
de la privation de la vue, comme chez Victorine Sauvet, de Lalley près Grenoble, dont

la guérison est rapportée par Mgr de La Rochelle et constatée par le maître de cette jeune fille, M. Hech, économe des hôpitaux de Marseille, et par un grand nombre d'autres témoins?

J'ai dit que des hommes ont aussi éprouvé les bontés et la puissance de la Vierge de la Salette; j'ai cité le malade de Forcalquier et les deux militaires qui ont été guéris le 19 septembre 1847. Sans doute que plusieurs autres ont eu aussi à se louer de leur confiance en Marie; mais, quand il n'y aurait pas eu un seul miracle opéré en faveur des hommes, ce ne serait pas une raison suffisante de nier ceux qui l'auraient été en faveur des femmes, dès qu'ils seraient suffisamment constatés.

Troisième Objection.

Peut-être dira-t-on enfin : Mais l'Église, par la voix du successeur de Pierre, n'a encore rien décidé par rapport à l'événement de la Salette.—A cela nous répondrons :

1° Que nous sommes bien éloignés de condamner ceux qui refuseraient de croire au fait dont il s'agit. L'Église, en effet, n'a pas encore été appelée à porter son jugement à cet égard ;

2° Nous croyons à une foule de faits que nous regardons comme très certains, quoique l'Église ne s'en soit pas occupée ;

3° Si jamais le Pontife romain prononce un jugement sur le fait de la Salette, il ne prendra ses renseignements qu'auprès de l'épiscopat français, et, en particulier, auprès de l'autorité diocésaine de Grenoble. Or, nous ne doutons nullement que le plus grand nombre de nos prélats, qui sont si pieux et doués d'un jugement si droit, ne croient à l'apparition de la Sainte Vierge aux petits bergers des Alpes. Déjà plus de vingt-cinq d'entre eux seraient à même de signaler dans leurs diocèses des guérisons miraculeuses, obtenues par l'intercession de la Vierge de la Salette.

Quant à Mgr de Grenoble, sa réponse n'est pas douteuse ; il ne ferait que répéter au Vicaire de Jésus-Christ ce qu'il a déjà dit, en donnant son approbation à l'ouvrage de M. Rousselot, l'un de ses grands-vicaires ; à savoir : « Qu'il a constamment partagé l'avis de la très grande majorité de la commission, qui a successivement adopté tous les articles du rapport qui lui a été fait sur l'événement de la Salette ; que ce rapport lui paraît propre à dissiper bien des préventions, à éclairer l'opinion publique, à opérer la conviction dans les esprits droits.

» Que les personnes pieuses verront qu'elles ont pu admettre le fait de la Salette, sans mériter le reproche d'imprudence ou de faiblesse d'esprit. Celles qui ont cru devoir suspendre leur jugement seront sans doute frappées des preuves nombreuses qui entourent ce fait extraordinaire. » *Approbation*

donnée par Mgr l'Évêque de Grenoble à l'ou-
vrage de M. Rousselot, le 15 juin 1848.

EXTRAIT D'UNE LETTRE DE M. PERRIN
CURÉ DE LA SALETTE A MONSEIGNEUR
L'ÉVÊQUE DE GRENOBLE SUR LA
CONSTITUTION DU PÈLERINAGE
EN 1848

« Le pèlerinage, Monseigneur, a été forcément suspendu pendant deux mois entiers, à cause de la rigueur de la saison. Mais, depuis le 15 février, nous voyons, à peu près chaque jour, des personnes venues de fort loin, qui, appuyées uniquement sur la protection puissante de Notre-Dame de la Salette, s'estiment heureuses de parvenir au sommet privilégié, malgré plusieurs pieds de neige et un vent glacial. Leur mérite est grand sans doute, et il faut que leur foi soit bien vive ! Mais faut-il s'en étonner ? Notre position est propre à nous convaincre, Monseigneur, qu'il ne reste peut-être pas une paroisse aujourd'hui en France qui ne connaisse l'histoire de l'apparition de la Sainte Vierge sur les montagnes de la Salette. Nous avons maintenant reçu, à peu d'exceptions près, des lettres de tous les départements. Plusieurs aussi nous sont venues de la Savoie et des îles de l'Océan qui avoisinent la France. Elles nous sont adressées par des personnages de toutes les classes de la société. Ce sont des vicaires-généraux, des chanoines, des archiprêtres, des curés en très grand nombre, des vicaires, des supérieurs de maisons religieuses, des présidents de tribunaux, des avocats, des docteurs en droit, des comtes et comtesses, des marquis et marquises, des négociants, des pères, des mères de famille, etc., etc.

» Le premier et principal but de ces lettres, Monseigneur, est toujours d'obtenir, par la médiation de l'auguste Vierge, le soulagement ou la guérison de quelque maladie pour soi ou pour les autres. Par conséquent, on nous demande des prières, des neuvaines, des messes, et quelquefois de l'eau de la source bénie. Aussi, pour satisfaire à tant de besoins, selon notre pouvoir, nous avons établi une neuvaine perpétuelle. Nous récitons chaque jour, après la messe, même le dimanche, les *Litanies* de la Sainte Vierge, un *Pater*, un *Ave*, et un *Souvenez-vous*. Nos paroissiens, aussi pieux que simples, s'y prêtent volontiers. Craignant que leur étonnement ne se changeât en plainte, à cause de la non-approbation solennelle de l'apparition, ce qu'ils attendaient, nous leur recommandons avec instance une soumission entière à l'autorité ecclésiastique, seule compétente en cette matière, et nous appelons leur attention sur eux-mêmes, pour retrancher les vices, vrais obstacles à cette grande faveur. Quoi qu'il en soit, l'*intervention céleste* est toujours frappante ; elle poursuit, avec un doux et consolant empire, sa mission de miséricorde et d'avertissements. »

Nota. Lorsque M. le curé écrivait ces lignes, Mgr de Grenoble n'avait pas encore porté son jugement : S. G. ne l'a rendu qu'au mois de juin de la présente année.

***

EXTRAIT D'UNE LETTRE DE M. PEYTARD
MAIRE DE LA SALETTE A MONSEIGNEUR
L'ÉVÊQUE DE LA ROCHELLE

Je ne puis mieux terminer mon travail qu'en donnant, à mes lecteurs, copie d'une lettre que M. le maire de la Salette adressa à Mgr l'évêque de La Rochelle, le 2 octobre 1847, touchant les circonstances de l'interrogatoire qu'il fit subir aux deux petits bergers, le lendemain de l'apparition.

« Le 19 septembre, à dix heures du matin, je me rendis à l'église pour entendre la sainte messe. Le moment du prône étant arrivé, **M.** le curé, à qui les enfants avaient fait part de ce qui leur était arrivé la veille, essaie de raconter à ses paroissiens le récit que les bergers venaient de lui faire. Son cœur se serre, il ne peut que balbutier quelques mots, et personne ne peut presque rien comprendre. Après la messe, j'apprends d'un de mes amis, qui est du hameau des Ablandins, ce dont il est question ; je rentre chez moi, je mange un morceau, et, sans faire part d'aucune chose à ma famille, l'idée me vient d'aller interroger les enfants. Je me nantis d'une somme de 40 francs ; je me dirige du côté du hameau des Ablandins, à un kilomètre et demi de distance de chez moi ; j'arrive, et je trouve ces deux enfants. Je fais d'abord parler la petite Mélanie, et je fais mettre le petit Maximin au secret. Elle me fait son récit ; je l'écoute sans dire un seul mot, et, quand elle a fini, je lui dis : Fais bien attention, ma petite, de ne rien dire ni de plus ni de moins. Elle me répond : J'ai tout dit ce que cette dame a recommandé de dire.

Alors je fais venir le petit Maximin, et je fais mettre à son tour Mélanie au secret. Même récit, et même réponse. Je fais alors venir Mélanie en présence de Maximin ; je commence par employer la douceur, en leur disant que ce qu'ils racontaient n'était qu'un pur mensonge, et que Dieu allait les punir sévèrement, s'ils continuaient à faire ce récit ; que je leur conseillais, dans leur propre intérêt, de dire que ce qu'ils avaient avancé était faux et qu'ils y avaient été excités par quelques motifs. J'en mis quelques-uns en avant. Je leur présentai alors mes 40 francs, en leur disant que, s'ils voulaient m'en croire, je leur donnais cette somme. A cela ils me répondirent qu'ils faisaient fort peu de cas de mon argent ; puis ils ajoutèrent : Vous nous donneriez cette maison pleine d'argent, pour nous faire dire le contraire de ce que nous avons vu et entendu que nous n'en ferions rien.

Alors, voyant la fermeté de ces deux enfants, je me mis à leur faire des menaces, soit
de la prison, soit d'autres châtiments. A cela
ils me répondirent que toutes mes menaces
ne leur faisaient pas plus de peur que mon
argent ne leur faisait de plaisir.

Le dimanche suivant, 27 septembre, je me
fis conduire, accompagné de quelques personnes, par les enfants sur le lieu de l'apparition. Là, je leur fais de nouvelles questions ;
je les fais mettre de la même manière et
dans la même position qu'ils étaient quand
ils s'endormirent, qu'ils s'éveillèrent, qu'ils
furent chercher leurs vaches, qu'ils virent,
selon leur expression, *la belle Dame*, et
qu'elle leur dit : *Avancez, mes petits enfants,
je veux vous annoncer une grande nouvelle.*
Et, enfin, je leur fis parcourir le chemin à
plusieurs reprises, depuis le lieu de l'apparition jusqu'au lieu de l'ascension ; et leur
récit fut le même, de point en point, que celui qu'ils m'avaient fait le dimanche d'aupa-

ravant, et le même absolument qu'ils font aujourd'hui.

Je me dispense de le transmettre à Votre Grandeur, sachant qu'elle le connaît parfaitement.

J'ai l'honneur d'être, Monseigneur, etc.

P. PEYTARD,

Maire de la Salette.

Cette lettre n'a pas besoin de commentaire. La conduite qu'a tenue dans cette circonstance M. le maire de la Salette est admirable de sagesse et de prudence. On dit aussi qu'il fit venir des gendarmes de Corps, qui défendirent aux enfants, sous peine de prison, de parler de ce qu'ils avaient vu et entendu sur la montagne; mais les bergers se moquèrent de leurs menaces, comme ils avaient fait de celles de M. le maire, et leur dirent hautement qu'ils avaient ordre de parler et qu'ils parleraient.

CONCLUSION

Je vous ai dit, cher lecteur, avec simplicité et bonne foi, mes impressions de voyage
et les raisons qui me portent à croire au fait
de la Salette.

Il semble que cet événement se rattache à
plusieurs autres du même genre, et qui ont
aussi pour but la conversion des pécheurs et
le salut de notre chère patrie :

L'apparition de la Croix de Migné ;

L'apparition de la Sainte Vierge à une
sœur de la Charité, pour lui enjoindre de
faire frapper la médaille dite miraculeuse, au
moyen de laquelle Dieu a opéré aussi un
grand nombre de prodiges ;

L'établissement de l'archiconfrérie du Sacré-Cœur de Marie, dans la capitale de la

France, ses immenses progrès, non seulement chez nous, mais partout l'univers.

Loin donc de voir dans les bergers des Alpes les inventeurs d'un mensonge ou les complices de quelque imposteur, regardons-les comme des instruments dont la Mère de miséricorde s'est servie pour nous rappeler à nos devoirs et nous engager à faire pénitence.

Elle a déjà retenti au fond de bien des cœurs, la voix de ces pauvres enfants ; elle a ébranlé, converti grand nombre de personnes éloignées de Dieu depuis longtemps.

Gardons-nous donc aussi de fermer l'oreille aux avertissements que notre Mère nous a donnés du haut de la sainte montagne ; ayons en horreur le blasphème et la profanation des saints jours ; respectons l'autorité de l'Église ; elle a reçu de Jésus-Christ le droit de nous faire des préceptes.

Que les insignes de la passion que Marie portait sur son cœur lorsqu'elle apparut aux bergers, nous inspirent l'amour de Jésus et une grande haine pour le péché mortel.

Puissions-nous, par un sincère retour à Dieu, éloigner de nous les maux dont Marie nous a menacés ! Depuis sa sainte apparition, de grands malheurs sont venus fondre sur notre infortunée patrie ; la guerre civile, la misère, le choléra, ont successivement désolé nos villes et nos campagnes. Craignons que ces fléaux ne nous en présagent de plus terribles encore, si nous ne nous hâtons de les détourner en employant les moyens que la Sainte Vierge a indiqués aux jeunes bergers de la Salette.

NOTE DE L'AUTEUR

Comme nous destinons tout le prix de cet ouvrage à aider les pauvres habitants de la Salette à bâtir une chapelle à la Sainte Vierge au lieu de son apparition, nous recevrons avec joie, et nous nous empresserons de faire parvenir à M. le curé de la Salette les aumônes que les âmes pieuses nous adresseraient à la même intention.

GUÉRISON EXTRAORDINAIRE D'UN JEUNE HOMME DE DIX-HUIT ANS, OPÉRÉE A FALAISE (CALVADOS), LE SAMEDI 30 JUIN 1849

M. Alexandre-Achille Besnier, fils d'un ancien banquier, âgé de dix-huit ans, né à Falaise, et y demeurant chez ses père et mère, rue du Camp-Ferme, avait, depuis le mois de janvier 1846, les deux jambes paralysées ; plus tard les pieds se retirèrent et se recourbèrent, les doigts étaient en dessous. Le malade ne marchait que difficilement et à l'aide d'une canne. La moelle épinière paraissait attaquée, l'épine dorsale avait dévié et laissait paraître une cavité du côté gauche, comme si le rein eût été enfoncé. Le jeune homme ne pouvait presque plus prendre de nourriture et dormait peu ; sa voix presque éteinte ne revenait que par moments ; ses idées n'étaient plus claires ni suivies, le cerveau paraissait embarrassé. Depuis dix jours sa main gauche était aussi frappée de paralysie : trois doigts étaient fermés, e^t aucun effort ne pouvait les ouvrir. Voilà l'état dans lequel a été M. Besnier jusqu'au dix-neuf juin au soir ; dès le 24, il avait commencé une neuvaine en l'honneur de Notre-Dame de la Salette, et chaque jour il buvait de l'eau de la fontaine miraculeuse. Le vendredi soir 29, on mit une compresse imbibée de cette eau sur sa main paralysée ; contre son ordinaire il dormit très bien toute la nuit, et le samedi matin 30 il trouva sa main parfaitement guérie et mit ses doigts devant ses yeux : il se lève pour aller à la messe, il marche avec la même difficulté que les jours précédents ; il revient chez lui, et, vers la fin d'une seconde messe qu'on célèbre encore pour lui, il éprouve tout à coup une commotion et des tiraillements dont il est effrayé :

il se lève de sa chaise et se trouve parfaitement guéri.

Depuis ce temps, il mange, il boit, il marche, il dort, comme s'il n'eût jamais été malade.

Je tiens les détails ci-dessus de la maladie et de la guérison de M. Besnier, — de son père, de sa mère et de beaucoup d'autres témoins oculaires que j'ai consultés sur les lieux.

Du reste, ce fait prodigieux est de notoriété publique à Falaise et dans tout le pays.

Je suis heureux de donner ici, à mes lecteurs, connaissance de deux lettres qui m'ont été adressées par Mgr l'évêque de La Rochelle et M. le curé de la Salette, en réponse à celles que je leur avais écrites pour les informer de la guérison de M. Besnier.

LETTRE DE M. ALEXANDRE BESNIER A M. L'ABBÉ LEMEUNIER

Falaise, 18 *juillet* 1849.

Monsieur l'Abbé,

J'ai reçu et lu votre lettre si touchante, avec un plaisir que je ne saurais vous rendre ; aussi, j'y réponds le plus tôt qu'il m'est possible, car depuis ma guérison j'ai peu de temps à moi : tout le monde veut me voir et entendre de ma bouche le récit de cette guérison si surprenante.

Je puis donc vous attester, Monsieur, que j'ai été guéri instantanément. Vous jugerez de mon bonheur et de celui de ma famille, quand je vous aurai dit de vive voix, ce que j'espère faire prochainement, dans quel déplorable état j'étais réduit, lorsque Dieu et Marie ont jeté sur moi un regard de bonté et de miséricorde !

Je vous remercie, Monsieur, du plus profond de mon cœur, d'avoir offert à Dieu le très saint sacrifice de la Messe en actions de grâces de ma guérison. Continuez, je vous en conjure, de remercier la Mère des chrétiens de la grâce qu'elle m'a obtenue et de la consolation qu'elle nous a procurée, en manifestant sa puissance et sa gloire.

Je vous remercie également de la précieuse parcelle de pierre que vous me proposez : je l'accepterai avec joie, avec bonheur ; je vous prie de me la faire passer le plus tôt possible.

J'ai lu avec une indicible plaisir votre ouvrage sur la Salette. Je l'ai lu avec d'autant plus d'attention qu'il m'avait été recommandé par Mme la comtesse Caroline de Laubey, ma bonne voisine, et par ma mère, qui a eu l'honneur de vous voir à Bagnoles, il y a quelques années.

Je vous enverrai bien volontiers la canne dont je me suis servi pendant ma longue maladie.

Je désire vivement qu'elle soit déposée, comme gage de ma reconnaissance, à l'endroit où notre bonne Mère a apparu aux heureux bergers de la Salette.

Agréez, Monsieur, l'assurance des sentiments respectueux avec lesquels j'ai l'honneur d'être votre très humble serviteur,

ALEXANDRE BESNIER.

Aujourd'hui, 1er juillet 1850, je soussigné, certifie que ma guérison miraculeuse se maintient toujours, et que jamais je n'avais joui d'une aussi bonne santé que celle que j'ai maintenant.

ALEXANDRE BESNIER.

LETTRE DE MGR L'ÉVÊQUE DE LA ROCHELLE

La Rochelle, le 23 juillet 1849.

Monsieur l'Abbé,

Je rends grâces au Seigneur du prodige arrivé à Falaise, sur la personne de M. Alexandre Besnier. Avec quel plaisir je l'embrasserais, si j'avais jamais le bonheur de le voir!

Le Ciel nous montre tous les jours la puissance et la bonté de l'incomparable et immaculée Vierge. Oh! que la reconnaissance de ses enfants devrait être grande, et que leur vie devrait bien répondre à ses faveurs!

Je bénis le Seigneur, du succès de votre opuscule; la Sainte Vierge vous aime, cher abbé, priez-là, je vous en conjure, de m'obtenir les grâces, spirituelles surtout, dont j'ai besoin.

Agréez, M. l'Abbé, l'assurance de mon dévouement, auquel je joins mille bénédictions en Jésus et Marie.

† CLÉMENT, *Évêque de La Rochelle.*

———

LETTRE DE M. LE CURÉ DE LA SALETTE

La Salette, le 30 juillet 1849.

Monsieur et bien respectable ami,

Mille fois merci de votre bonne et si consolante lettre ! Nous n'avons pu, mon frère et moi, retenir nos larmes en la lisant. — Que la Sainte Vierge est donc bonne ! qu'elle est puissante ! nous sommes-nous écriés. A-t-elle jamais manifesté d'une manière plus éclatante le désir ardent qu'elle a de convertir et de sauver son peuple ?

Quelle nouvelle force de preuve n'ajoute pas la guérison si extraordinaire de ce jeune homme, aux presque deux cents autres que nous connaissons déjà ! que Notre-Dame si miséricordieuse de la Salette en soit donc à jamais louée, vénérée et aimée !

Cette relation, Monsieur, envoyée par vous-même, cette guérison arrivée dans votre pieuse Normandie, si digne d'une pareille faveur, nous paraît seule beaucoup plus concluante en faveur de l'apparition, que plusieurs autres qui sont aussi réelles, mais moins sensibles. Cette relation, bien cher confrère, nous console et nous encourage singulièrement, parce que nous savons qu'elle vous console et vous encourage aussi beaucoup vous-même. Non, le Seigneur n'est pas avare de ses dons, et notre bonne Mère du ciel ne se laisse pas vaincre en générosité ; vos démarches, vos sueurs, votre zèle en faveur de Notre-Dame de la Salette, avaient comme appelé d'en haut ce prodige éclatant : ce miracle frappe aujourd'hui les regards de 320 prêtres réunis en retraite et convoqués providentiellement dans le cénacle de Séez, pour être ensuite, dans leurs paroisses respectives, les apôtres de ce fait marqué du doigt de Dieu.

Nous recevrons avec une bien douce satisfaction la canne du jeune miraculé ; elle sera appendue dans le sanctuaire de la Sainte Vierge avec *l'ex-voto* qui fera connaître le nom du jeune homme et celui de son département. Que nous serions heureux, *cher confrère, si vous pouviez vous-même nous l'apporter !*

Nous aimons à vous dire que les prodiges

de guérisons surnaturelles augmentent rapidement en nombre, et que les pèlerins nous arrivent chaque jour par centaines. Nous en voyons toujours de 3 à 400 tous les dimanches, venus de vingt, trente lieues, et plusieurs de beaucoup plus loin. Ces pieux pèlerins passent le temps qu'ils restent sur la sainte montagne, d'une manière bien édifiante; ils n'interrompent leurs prières et leurs chants religieux, que pour se livrer à la méditation des mystères de l'apparition et de ses merveilleuses conséquences, et pour s'abandonner à la componction, se frapper la poitrine et pleurer....

Agréez, respectable ami, l'assurance de notre entier dévouement.

PERRIN, *Curé de la Salette.*

La Salette, le 16 mars 1849.

Monsieur et bien cher confrère,

Nous avons lu hier votre charmant petit

volume intitulé : *Pèlerinage à la Salette*; nous l'avons lu avec le plus vif intérêt, et il nous a causé la joie la plus sincère. C'est un feu roulant capable d'allumer partout l'incendie de l'amour divin en faveur de Notre-Dame de la Salette. Cependant vous ne faites que citer en courant des faits positifs, laissant à chacun le soin de faire son commentaire selon ses impressions. Cet ouvrage ramène naturellement le lecteur à Dieu, à la Sainte Vierge et à la pratique de la Religion, pour profiter des avertissements du Ciel.

Ce livre nous fait concevoir les plus heureuses espérances. Nous conjurons le Seigneur de le bénir. Que notre tendre Mère vous récompense, Monsieur, nous l'en supplions tous les jours, et nous vous prions vous-même d'agréer nos sincères et affectueux remercîments.

Nous aimons à vous dire que déjà chaque jour nous voyons arriver des pèlerins qui viennent de très loin, ce qui nous fait présager que notre pèlerinage sera très fréquenté cette année. La neige a déjà évacué nos plages cultivées ; mais il y en a encore plusieurs pieds aux lieux bénis de la sainte apparition.

Agréez, Monsieur et cher confrère, l'expression de notre tendre et entier dévouement.

PERRIN, *Curé.*

Prière à Notre-Dame de la Salette

O, vous que les Alpes ont vue
Pleurer sur nos malheurs ;
Vierge, parmi nous bienvenue,
Dans votre sein laissez s'épancher nos douleurs.

Le Seigneur, lassé de nos crimes,
A dit : « Craignez mon courroux menaçant ! »
Il va dans la poussière abattre ses victimes....
Marie arrête encor le bras du Tout-Puissant.

Satan bouleverse la terre,
Il allume en tous lieux les fureurs de la guerre.
J'ai vu gémir la veuve et l'orphelin,
J'ai vu le frère immolé par son frère...
Et maintenant sans travail et sans pain,
Nous languissons dans la misère !

Ah ! c'est assez ; ah ! c'est assez de pleurs !

Vierge sainte, venez, calmez notre souffrance,
    Apportez l'espérance
    Et la paix à nos cœurs.

    Oui, je l'espère,
    O bonne Mère,
A vos enfants si vous prêtez secours,
En implorant pour eux la céleste clémence,
    Bientôt, dans notre France,
De la Religion renaîtront les beaux jours.

Neuvaine en l'honneur de Notre-Dame de la Salette

Un *Pater* et un *Ave*. — Les *Litanies de la Sainte Vierge ;* — et la prière suivante, composée par saint Bernard.

Souvenez-vous, ô très pieuse Vierge Marie, que jamais on n'a entendu dire qu'aucun de ceux qui ont eu recours à votre protection et ont imploré vos suffrages ait été abandonné. Animé d'une pareille confiance, ô Vierge, Mère des vierges, je cours et je viens à vous, et tout pécheur que je suis, j'ose paraître devant vous en gémissant. O Mère du Verbe de Dieu, ne rejetez pas mes humbles prières ; mais écoutez-les favorablement, et daignez les exaucer. Ainsi soit-il.

INVOCATION

Mère admirable, priez pour nous.

FIN